從放鬆到放下

禪的智慧與妙用

釋果暉——著

From Relaxing to Letting Go

The Wisdom and Wondrous Function of Chan Buddhism

自序

在瞬息萬變的時代環境中，如何安身立命？

從佛法來看，個人的身心與外在的環境世界有著相互依存的關係，然而社會環境的不安常起因於人心的不安。因此，法鼓山創辦人聖嚴師父常說「心安就有平安」，認為佛法是安心的法門。如何得以平安？漢傳禪法提供了寶貴的智慧與實用的方法，讓人人能夠安身、安心，乃至獲得究竟的平安與幸福。

本書名為：《從放鬆到放下——禪的智慧與妙用》，希望介紹正確的佛法觀念與實用的禪修方法給予社會大眾，期勉人人在不安的環境中，以禪修安頓身心，乃至以禪法發掘人生的智慧。佛法的智慧是無我空慧，可消解人生的種種困惑與不安，乃至破除自我中心的煩惱執著，而得到真正的解脫自在。

全書內容分為兩大篇：第一大篇「漢傳禪法的智慧」與第二大篇「頓悟的生活妙法」。第一大篇共有七則，都是兩千字至五千字不等的文稿，內容介紹重要的禪修觀念與方法，除了內容較為深入外，在文脈層次上也較明顯些。其中有三則是從二〇一一至二〇一四年間擔任法鼓山副住持時，為僧眾所做的早齋開示整理而成。

第二大篇共有二十三則，都是兩千字以下的短文，著重在日常生活中的禪修方法運用。其中有幾篇整理自二〇二一至二〇二三年間的早齋開示，多數未曾刊登過；此外，有數篇文稿則是法鼓文化同仁的採訪，曾刊登於《法鼓》雜誌每月一篇的專欄。其他文稿則選自《法行會會訊》、《榮董會電子報》，或是整理自僧眾結夏修行的開示。

本書能夠出現在讀者面前，要特別感謝編輯部同仁的選稿、潤稿，我自己也用了一些時間改稿。今年適逢聖嚴師父捨報圓寂十五週年，希望透過本書的出版，能夠分享漢傳禪法的智慧，讓更多的人得到佛法的受用，以報慰師恩於萬一。

今年法鼓山的年度主題是「人間有幸福」。僅以本書出版的功德，迴向我們的社會，至全世界人類——安身安心，生活時時都平安；我和人和，人間處處有幸福。

釋果暉

二〇二四年三月四日菩薩戒期前

於法鼓山方丈寮

目錄

003 自序

第一篇 漢傳禪法的智慧

017 漢傳禪佛教之特色

018 人間性

019 頓悟自心

020 簡樸涵容

024 禪境與悟境

024 除煩惱草，砍煩惱樹

025 修定的功能與雜染

027 禪境與悟境的智慧

028 明師與善知識

修定發慧有方法 031
聞思修證生智慧 031
定慧等持見佛性 033
正知正見才可靠 036
調心歷程達一心 037
數息安心有方法 039
默照、話頭與四念住 042
深度修與廣度修 042
默照禪之深度修 044
話頭禪之廣度修 046
默照圓覺 049
默照四層次 049
《圓覺經》的頓法 053
《圓覺經》的漸法 055
話頭緊，默照鬆 057

058 金剛王寶劍
059 參話頭的態度
060 觀無常起疑情
065 熟轉生三層次
069 《心經》四慧
069 聞、思慧
079 修慧
082 證慧

第二篇 頓悟的生活妙法

087 學佛入門
087 信仰為重
088 理解為先
088 結合信仰與理解
090 生活好修行

現在觀 091
直觀心性 092
定課安心 093
對治妄念有方法 094
但念無常 094
對治妄念 095
真假人生 096
苦與樂 096
常與變 097
真與假 098
觀第一念 100
把心放在當下一念 101
念佛取代所有的妄念 102
無住生心 103

應無所住　103
而生其心　104
我非自有過　105
無事一身輕　106
無事於心　106
無心於事　108
吃飯禪　109
觀全身：清楚動作、感受　109
觀全境：物我不對立　110
觀內外無限：心外無有物　111
絕觀默照：不吃一粒米　112
反求諸己　114
慚愧看自己，感恩看世界　114
悟出本來面目　115
煩惱消歸自心　119

除妄淨心 120
順逆轉心 121
直觀一心 123
本來無心 124
生活禪機 126
心中的無形手機 126
頓悟禪機 127
一切都是美好的 129
活在今天 129
享受現在 130
禪修三心 132
現在一心 132
回初發心 133
輕鬆放心 134
禪與藝術 136

五明方便 136
音聲之美 137
文字之美 138
親近善知識 139
為修行指點迷津 139
發願成為善知識 141
禪與淨土 142
直心融境是禪 142
擇境修心為淨土 144
空有不二 146
空即智慧 146
有是慈悲 147
從幫助自己做起 149
美心為尚 150
四它妙用 151

關懷他人有方法 153
從容不迫，關注對方 153
用心回答 154
培育法門龍象 156
佛門出龍象 156
人間有幸福 158
感恩生命 159
知恩報恩為先 159
珍惜生命可貴 161
順逆皆助緣 162
相信因緣果報 162
不見世間過 164
自助助人 165
以禪修自助 165
以菩提心助人 166

第一篇

漢傳禪法的智慧

漢傳禪佛教之特色

佛教傳入中土之後，逐漸落地生根，在歷經本土化的過程中，與漢文化中的儒、道二家思想互動密切。漢傳佛教傳至隋、唐時代的鼎盛期，發展出代表性的八大宗派，包括以實修為主的禪、淨、律、密等的四宗，及以論理為重的法相、三論、天台與華嚴等的四宗。

然而，要在漢地持久發展，必須入境隨俗融入漢文化。由於中國文化好簡，艱深的論義之學無法融入漢文化而獲得普遍發展；就像儒家的《論語》、《孟子》內容一樣，言簡意賅，以實踐為要，不重思辨的禪、淨二宗終究得以不斷弘傳而普及於民間。其中，強調此世修行與頓悟自心的禪宗最為漢文化所激賞，而成為漢傳佛教中最具代表性的宗派，並發展出臨濟、曹洞等所謂的五家七宗之傳承。事實上，歷代禪宗祖師除了訪道參悟之外，也多能旁及內外群書，並留下了大量的語錄等文獻資產，因而可將以禪宗為主軸所發展出來的漢傳佛教體系，統稱為「漢傳禪佛教」，其特色有三：人間性、頓悟自心與簡樸涵容。

人間性

據《阿含經》記載，佛陀成道之後的遊化人間，度化的對象是以人為主體。《六祖壇經》說：「佛法在世間，不離世間覺。」說明了漢傳禪佛教承續佛陀本懷，具有人本、人文與人性的特色，強調以人的現世身來從事修行與弘化。漢傳佛教當然也有受漢文化的影響，做為漢文化主流的儒、道二家都著重人文素養及現世生活，比如儒家說「未知生，焉知死」、「敬鬼神而遠之」、「修道之謂教」。因此禪宗與漢文化氣息相通，強調無論修行或是弘化，都不離當下、現實的人間。太虛大師倡導「人生佛教」、「人成佛即成」；聖嚴師父創立中華禪法鼓宗，提倡「提昇人的品質，建設人間淨土」，也都是在呼應此漢傳禪佛教的人間性。

頓悟自心

漢文化雖有諸子百家之流傳，性善、性惡立場之差異，而思想主流則會歸於心性之學，故在傳入漢地的佛教諸經論與派別中，特別容易接受主張「心性本淨」的如來藏系佛教。《華嚴經》主張「一切唯心造」；《大乘起信論》說「心生種種法生」；《維摩詰經》說「心淨國土淨」；《六祖壇經》也說「菩提自性，本來清淨」。此外，儒者主張「舜何人也，予何人也，有為者亦若是」，這種「人皆可以為堯舜」的觀念，可與大乘佛法所說的「眾生皆有佛性」、「人人皆可成佛」思想相互呼應。其實，頓悟自心、見自本性並非禪宗所獨創，在禪宗出現之前的南北朝，漢地已經有了孕育頓悟法門的土壤與種子。直至盛唐時期，六祖惠能大師要禪者直從自心「頓見真如本性」，這「惟論見性，不論禪定解脫」的頓悟法門，為漢傳禪佛教開啟了劃時代的一頁。事實上，六祖的頓悟禪法與佛陀時代以未到定而得慧解脫的修行方式頗為類似，後者在南北傳阿含部的《須深經》裡皆有經文可考，於北傳諸論書中也有詳細的闡述。

簡樸涵容

漢傳禪佛教的簡樸涵容，表現在三方面：生活方式、修行方法與宗教精神。

（一）生活方式

主張過簡樸的生活是漢傳禪佛教的一大特色。所謂「一缽千家飯，孤身萬里遊」，早期禪者都過著類似佛陀時代簡單、樸實的修行生活，隨遇而安地遊化人間。唐代的百丈禪師承繼馬祖道一「平常心是道」的禪風，並提倡「一日不作，一日不食」，開創叢林集體修行的範式，使禪宗成為最能適應漢文化社會條件的宗派；並啟發禪者修行不離自心，而平常的生活經驗就是道，禪法就在其中。

（二）修行方法

《楞伽經》云「無門為法門」，禪的修行是以無方法為方法。〈永嘉證道歌〉說「但得本，莫愁末」，禪的方法著重在把握原則、以簡馭繁，實用活潑。禪宗語錄文獻雖卷帙浩繁，但祖師們對行者的開示，多半是簡要的禪機提撥或是工夫、公案的勘驗事例，至多也只是修道上的勸勉內容而已，不太講究複雜的理論或繁瑣的方法。

（三）宗教精神

受漢文化洗禮而發展出直指人心的禪宗，雖有宗教的內涵，卻淡化了宗教色彩，不束縛於宗教的形式。這種簡樸的宗教精神特色，在對內方面，使禪宗得以吸收佛教各宗之精華；在對外方面，使漢傳禪佛教頗具適應性、包容性及消融性，故能跨越宗教與民族的藩籬，而與世界各宗教進行對話與交流。禪宗傳到日本之後持續發展，透過鈴木大拙禪師把禪法弘揚至西方，帶動歐美社會學禪風潮，其成功原因，實與漢文化有關。因為西方人士不一定要改變他們原來的宗教信仰，照樣可以學習禪修，由此可見禪法適應性之一斑。

一九七五年底，聖嚴師父以日本立正大學文學博士身分前往美國弘化，隨緣教授禪法，在創立法鼓山前後的三十年期間，仍奔忙於東、西兩半球，繼續接引各層社會人士學習禪法，並積極與各系統佛教的禪修老師交流，甚至與不同宗教信仰代表互動，這同樣也是立足於漢傳禪佛教的適應性、包容性與消融性。

近年來在國際間興起正念禪修，臺灣也有相關的學會在推動，正念減壓（Mindfulness-Based Stress Reduction，簡稱 MBSR）創始人卡巴金博士（Jon Kabat-Zinn），他本身是學禪出身，曾於二〇一四年底來法鼓文理學院，舉辦工作坊分享他的課程，其兒子也曾到農禪寺打過禪七。他所推廣的方法便是去宗教化，向他學習的人不需要有宗教信仰背景；他不講宗教，可以說他的方法是漢傳禪法適應現代西方社會的一種應用。然而，他也建議要進一步深入學禪的人，還是必須參加正統的禪修課程或是禪期活動。

華盛頓州的圖丹．卻准比丘尼（Ven. Thubten Chodron），他的團體從達賴喇嘛修習佛法，而在臺灣求受漢傳佛教的戒法。修行方法是一個系統，宗教師的戒法又是另一個系統，這在其他佛教系統是不可能發生的事，由此可以看出漢傳佛教包容性的特色。

特別在二十一世紀人類面臨地球自然環境日益惡化，乃至社會人心不安，族群對立、衝突不斷之際，聖嚴師父適時提出「心靈環保」運動，以禪法的智慧及安心的功能來挽救社會人心與地球生態危機；以佛法慈悲的精神來化解種種對立與衝突，這種關懷社會、淨化人心的精神，都立足於漢傳禪佛教的人間性、頓悟自心、簡樸涵容特色，而有以致之。

佛法傳播到世界各地，必然要經歷適應、融入當地的過程，而發展出不同的系統傳承。漢文化催生了漢傳禪佛教，但漢傳禪佛教也豐富了漢文化，比如宋明理學的興起，就受到禪宗很大的影響。面對漢傳佛教的傳承，特別對漢傳禪佛教所留下的大量寶貴文化資產，身為漢傳佛教子弟的吾輩皆有繼往開來的責任，我們不去弘揚漢傳佛教，還能等待誰來弘揚呢？

禪境與悟境

常人的煩惱就像燒不盡的野草，總是容易「春風吹又生」。因此，佛經常將煩惱比喻為雜草，以此形容煩惱的多、雜、細，很不容易根除淨盡。

除煩惱草，砍煩惱樹

因我童年生長在鄉下農村，所以很熟悉農作。稻田插秧後，長到稻穗成熟前的一半高度時，農婦們就會下田，兩腳跪爬在秧稻行間，徒手搓草，將雜草收集在手中，然後往泥土下一塞，就完成除草工作。修定的功效也跟搓草一樣，將草根隱埋在泥地深處，讓稻子可以順利收成。但是實際上，雜草並沒有根除，所以等到下一次秧期，仍然需要再次除草。發慧則是將雜草的種子根除淨盡，不必再常常除草了。有時候，禪師們會以石壓草來比喻習定。在法鼓山總本山園區，每隔一段期間就會看到百丈院的法師，帶領著菩薩們在大殿左側與七棵雀榕間的石板上，用圓鍬鋤雜草。小草被壓在石頭下，暫時長不出來，但經過一段時間，又會從石頭的縫隙間冒出來。當然，移開石頭後，必然會冒出一片雜草了。雖然煩惱如雜草難以斷根，可是我小時候也看過大人們將明礬放在渾濁的水裡，只要稍待片刻，濁水會漸漸地變得澄清透明，汙垢則沉入水缸底部。禪法就如明礬，修定之後，心裡的妄想也會鎮靜、沉澱下來。然而，妄念其實並沒有真正消失，就像沉入水底的汙垢，一經搖晃，仍然會再度浮現。相信有不少人曾經玩過凸透鏡，將凹面朝向太陽光，讓光束集中在最底部片刻，便可將火柴棒點燃火。修定有如集中光束的過程，發慧則是點燃火。修定可以暫時伏煩惱，卻無法淨除煩惱，必須進一步發慧，才能根除煩惱。

修定的功能與雜染

《俱舍論》說，修定可獲得四種功能：1.現法樂、2.勝知見、3.分別慧、4.諸漏盡。「現法樂」是住於定中，身心獲得無比的喜樂，勝過世間五欲的一切享樂；「勝知見」是得到神通能力；「分別慧」是出定之後，能保持對身心的覺照力，特別是時時與佛法的正知見及觀照慧相應；「諸漏盡」則是獲得究竟的解脫。前兩者的現法樂和勝知見，通於一般的世間定乃至外道定；後兩者的分別慧和諸漏盡，才是正知、正見、正行的佛弟子所要修持的。

此外，在《清淨道論》說有十種觀的染：1.光明、2.智、3.喜、4.輕安、5.樂、6.勝解、7.策勵、8.現起、9.捨、10.欲。「光明」是修定所產生的光明相；「智」是修定後感到聰慧無比，甚至佛理通透；「喜」、「輕安」、「樂」都是從修定中獲得身心的喜樂覺受；「勝解」是生起無比的信心，認定自己的修行經驗；「策勵」是日夜精進無比，不感到疲乏；「現起」是念力或禪相持續不失；「捨」是捨除一切念頭，以為已經沒有煩惱；「欲」是執著於前述禪修中的任何殊勝經驗。修定的原則是止、觀均等，才會往發慧的方向發展，以上十種大都偏於止或是由於偏修深定的過程所產生的副產品——身心的特殊經驗，但都與真正的智慧不相應。

禪境與悟境的智慧

聖嚴師父在《禪的理論與實踐》中，用四句話說明禪境層次的高低：「1.澄澄湛湛，2.光音無限，3.一片悟境，4.虛空粉碎。」最後的「虛空粉碎」，才是真正的悟境。在同書中，也指出五個層次的悟境：「一般而言，所謂的悟境有五個層次：第一是輕安境，第二是光音境，第三是空寂境，第四是聰明境，第五是神通境。」這些都不是開悟，要到進入解脫境，才是真正的開悟。又在《禪的理論與實踐》、《禪與悟》及《聖嚴法師教默照禪》等書中，將傳統的「四禪八定」都歸納為「統一心」的範圍。

調心的四個層次：散亂心、集中心、統一心、無心，可以更簡要地分為有心、無心兩種。統一心以前的三個階段，都屬於有心，開悟之後則是無心。不管次第禪定得到多高的定，都屬於統一心。事實上，發慧並不需要用到非常高階的四禪八定，比如未到定的統一心，就可以直接用頓悟的禪法來發慧。因此，不論是默照禪或話頭禪，皆不鼓勵、不注意進入統一心，而要以發慧為目標來持續不斷地用方法。因此，禪坐時不要想著：「我快入定了沒有？」如此想，反而會造成干擾。如果有禪定的經驗也不錯，但是不要特意追求和執著，因為一追求、執著，就會妨礙進一步發慧的機會。外道修行也有禪定經驗，那樣的經驗很吸引人，因為進到統一心的當下，不會感覺自己有煩惱，而以為這種狀態就是開悟，但事實上卻非如此。定的經驗和慧的經驗有很多類似處，而容易混為一談，因此，修行必須要有佛法的正知正見，才不會誤入歧途。

明師與善知識

第一位力倡參話頭的大慧宗杲禪師，便曾有險將誤境當悟境的經歷，幸好得到明師提點，才真正參悟。據《大慧普覺禪師語錄》記載，大慧禪師在開悟之前，曾有一次很好的禪境體驗。那是當他在聽到師父圓悟克勤禪師講到「如何是諸佛出身處」的公案時，馬上體驗到：「向這裏忽然前後際斷，譬如一綟亂絲將刀一截截斷相似。」「前後際斷」是指截斷前後相續的念頭，「一綟亂絲」是指如一團麻絲般的煩惱，此句是指對當下念頭不動、煩惱不生的體驗。接著又提到：「當時通身汗出，雖然動相不生，却坐在淨裸裸處得。」當時大慧禪師流了一身汗，雖然心念處於不動的狀態，卻停留在一種身心脫落的體悟之中。

有一天，大慧禪師去小參請求勘驗，圓悟禪師說：「也不易，爾到這箇田地，可惜爾死了不能活。不疑言句，是為大病。不見道：懸崖撒手自肯承當，絕後再甦欺君不得。須信有這箇道理。」意指能有這樣的體驗，確實很不容易，只可惜你雖然一時間妄念不起，但並沒有真正開悟。不生起大疑情，是參禪最大的障礙。所以過去禪宗祖師大德說：「參禪要有放下一切，如同跳下懸崖的決心，才能真正承擔起開悟這件事。大死之後才能大活，這絕對不是騙人的話。」你必須相信有這樣的道理才行。大慧禪師自己則說：「我只據如今得處，已是快活，更不能理會得也。」這句話的意思是說，現在我有這樣的體驗，就已經感到很滿足了，當時得少為足，沒有去理會老和尚的話。但後來大慧繼續在圓悟禪師的身邊修行，終於獲得真正開悟的印可。

由此可見，修行由定到慧的過程——特別是否真正發慧，若能得到明師或善知識的確認、印可的因緣，則能更加穩當。雖然開悟見性對修行信心的建立幫助很大，但不代表已經究竟解脫；重要的是，煩惱是否真正減少，待人是否更慈悲。

修定發慧有方法

《長阿含經》說：「如來大智，微妙獨尊，止觀具足，成最正覺。」止觀二法，可說是統合了佛陀一代時教的修行方法。《摩訶止觀》起首便說：「止觀明靜，前代未聞。」止的本質是靜，也就是定；觀的本質是明，也就是慧。禪修以止觀來說的話，有修定與發慧兩個層次，止觀是方法，定慧是目標，止的成果是定，觀的成果是慧。

聞思修證生智慧

修行止觀有兩類修法：先觀後止與先止後觀。所謂「先觀後止」，這是以「慧」為主的修法。觀的意思，是指從對佛法正知見的聞思過程中，先領悟到有無漏的智慧，這相當於所謂的「解悟」，再進一步修觀慧，而當與定相應時，便達到

「證悟」，這就是一般所講的聞、思、修、證四種智慧，止觀相應就可以達到智慧的開發。

另外一種是以「定」為主的修法，先修止後修觀，就是先修定後修慧。一開始先用五停心觀等方法，從散亂心到集中心，進而達到身心統一，有了統一心的體驗之後再來修行觀慧。

先成就定的行者，如遇善知識指導，慧的成就也快。佛世的大弟子多是從有修持深定經驗的外道而來，在佛陀的開導下，很快就開悟、證果，可說是屬於這一類型。但在善知識難遇的末法時代，就連修持正知見的禪定也頗為不易，即使修定成就，執著於定，或以定為慧，將會變成邪定、染定。這也是今天附佛法外道盛行的原因之一。南傳佛教《清淨道論》說，修觀有十種雜染，多與禪定有關係。因此，觀慧必須以佛法正知見的聞慧和思慧做為基礎、前提來修持，否則可能會修成外道而不自知。

定慧等持見佛性

禪宗強調定慧等持，而以慧解脫為方向。《六祖壇經》說：「惟論見性，不論禪定、解脫。」這凸顯了修行漢傳禪法的特色。實際的修行方法則是默照和話頭，特別是話頭的發慧力量很強，聖嚴師父在《心的詩偈——信心銘講錄》裡說，參話頭是「只有方法而沒有對象」。

話頭的方法有四個層次：念話頭、問話頭、參話頭與看話頭。念話頭相當於修「聞慧」的層次，問話頭是「思慧」，參話頭為「修慧」，看話頭則相當於「證慧」的層次。禪宗常言「不疑不悟，小疑小悟，大疑大悟」，而小悟即小證，大悟即大證。

何謂「聞」？比如參「什麼是無？」，剛開始用的時候，沒有任何疑情，就像「狗咬棉花絮」一樣，雖然一點味道也沒有，但相信它是有用的修行方法，也可以配合數數來念，就像念佛一樣，念一念也有安心的作用。

念話頭念久了，漸漸地有一點疑情出來，比如問：「什麼是無？什麼是無？」

然後，問一問會想：「『無』會不會就是佛教所講的『空』？」「不對，我現在是在問話頭，怎麼又打起妄想了？」接著又再問：「什麼是無？什麼是無？」問一問又想：「『空』不就是《中論》所講的『因緣所生法，我說即是空，亦為是假名，亦是中道義』嗎？那我是不是可以問『什麼是空？』？不對，我在問『什麼是無？』，怎麼話頭變掉了，要馬上又回到『什麼是無？』的話頭。」就這樣邊問邊想，但發覺一想就已經離開了方法，這時也會放下對這些佛法義理的思考，回到真正用話頭的方法上。

記得小時候看到大人們用抽水機抽地下水時，先要灌一些水進入抽水機內，發動馬達抽動時，才會引地下水上來。通常參話頭如果沒有疑情的話，就要製造疑情，這很像抽水機要先灌一些水下去，才容易引升地下水上來一樣。事實上，生死的疑情每個人都有，只是隱藏在我們內心深處，比如遇到有親人過世時，偶爾也會冒出來一下，但過不久就會被日常生活的妄想、雜念給淹沒了。因此，鍥而不捨地問，話頭一旦問久了，也會產生較淺、較淡的疑情。

參的時候，當疑情漸漸濃厚，便進到「修慧」的層次，即是真正在參話頭了。

此時，所用的話頭就能成為自己的本參話頭，不僅可在精進禪期中用，在日常生活中也用得上。

最後的看話頭，即是「證慧」的層次，這是第一次有了破參、見性的經驗。但悟有淺有深，淺嘗即止很可惜，而且煩惱的根還在，並沒有究竟解脫。初次破參稱為破初關，之後要用看話頭的方法，繼續不斷地深入修行，也就是悟後起修，從此以後，一層一層地悟入，再破重關、牢關，修行是永無止盡的。

「以慧為先」的修法，需要具備深刻的佛法正知正見，比如「因緣所生法」，什麼是因緣？什麼是空？從「聞」法義開始，而建立了對三寶、對佛法的信心，進一步要將佛法與自己的生命相結合；如果只當成佛學來認識、研究，也可以成為有系統的學科知識，卻會變成純粹的學問、學術，那就與自己的生命、信仰毫不相關。

當佛法能與自己內在生命相結合，能用自己的話來講出佛法正確知見是什麼的時候，那就已經具有「思慧」了。有正知正見的人，也必定能夠將佛法落實在自己的日常生活之中。因此，我們常將正知正見與正行一起運用。事實上，這即是「人成佛即成」的道理。

正知正見才可靠

相對於以慧為主的修法，如果是「以定為先」的話，則不必一開始就用話頭的方法，而是以安定身心的一般禪修方法為先。傳統印度佛教次第禪觀的方法有很多種，比如五停心觀等，都是先修定。但是修行不重視慧，而偏於修定，甚至執著禪定體驗的話，可能變成外道或附佛法外道而不自知，所以在修定之前，還是要建立起佛法的正知正見，才能安全可靠而踏實。

禪修能同時符合以下三個條件，才安全可靠：第一個是正信，即具足對佛法因果、因緣的正知見；第二個是正行，即戒行清淨；第三個是要有實踐佛法的深切願心。修持漢傳大乘禪法，鼓勵以發菩提心來放下自我中心，以利人來利己，修行才容易得力，不是只把佛法當作知識來看或做為學問來研究。

調心歷程達一心

禪定的本身雖然不等於智慧，但發慧必須與定相應，意即借助定力的支持，智慧才發得起來。因此，修定不僅為了發慧，在日常生活中對調身、調心也有莫大的助益。

聖嚴師父在《禪的體驗．禪的開示》中，以數息法為例，將調心的歷程分為七個階段。第一階段是未用數息或其他修持法之前，一般人的心是隨著外境起伏而生滅不已，最後的第七階段，則是悟境。本文增補兩條線的相似統一心成為第六階段，一條線的統一心為第七階段，悟境則為第八階段。

以下配合智者大師《六妙門》（全稱《六妙法門》）的數、隨、止，以下述的表一來說明第二到第七階段的歷程。

表一：調心七階段

調心七階段	圖	說明	六妙門
第二階段		有數息方法	修數
第三階段		數目字達十分鐘以上	初階集中心
第四階段		正念不斷，雜念減少。	中階集中心
第五階段		不再有任何妄想雜念，只有數字與呼吸在。	證數、高階集中心
第六階段		丟掉數目字，剩下呼吸。	證隨、相似統一心
第七階段		統一心	證止、未到定

第二階段是開始用數息方法，《六妙門》稱此為「修數」。第三階段是數息時，數目字達連續十分鐘以上而不打斷，可稱為「初階集中心」。第四階段是「中階集中心」，正念不斷而雜念很少。第五階段是不再有任何妄想雜念，已經調伏了妄想雜念，《禪的體驗．禪的開示》書中所表示的三條線，代表數字、呼吸和我的

三個念頭在相互交替，這階段相當於《六妙門》的「證數」，也可稱為「高階集中心」。再進一步，數息數到丟掉了數目字，這並非因妄想、雜念把方法打掉，而是心更細時，感到數息本身反而是較粗的念頭，而把數息方法放下，或是自然地失去方法，只剩下呼吸的存在。此時只有「呼吸」和「我」在呼吸的兩個念頭，相當於《六妙門》的「證隨」，可稱為「相似統一心」或第六階段。第七階段的圖只有一條線，代表只剩下一個念頭，也就是「統一心」，《六妙門》中形容為「覺身心泯然入定，不見內外相貌」，即是「未到定」，這是「證止」。《釋禪波羅蜜次第法門》則在未到定前，增加一個欲界定。在將入欲界定時有粗住相及細住相的禪相。粗住持身，即發動身觸，讓氣脈暢通。細住持心，身心輕安，讓定力不退。但欲界定仍有身體的存在感，未到定則已感受不到身體的存在了。

數息安心有方法

一般打坐時，是先按照七支坐法的次序來進行，並檢視自己的坐姿是否正確，但這只是一個原則性的要求，比如第二項要求背脊豎直，仍要將小腹放鬆。在打坐用上方法後，身體會自然地自我調整得更正直。數息觀是打坐禪修的入門，對初機者是基礎而簡便的修行方法，非常好用，但有不少人一數呼吸，反而不會呼吸了，這是因為方法不得要領的緣故。其實只要留意呼吸從鼻端自然地進出，不刻意控制呼吸，就能順暢地呼吸，輕鬆地數息。所謂的數息即是數呼吸的數目字，從一數到十，被妄念打斷或是自覺數字不清楚時，馬上放下，從一再數起。數的時候，似乎有數字的聲音，但不用頭腦想，也不需要有數目「字」的形相。

我們平常的呼吸是呼氣較吸氣長一些，即如圖一最左邊的「一次呼吸」所示。最容易上手、得力的方法是如 A 所示，數息時在感受到呼氣微微出到鼻端後再數；只數出息，不數入息。而 B 是一般初學者所用的方法，一有呼吸就馬上數，因怕妄念生起，而抓緊數字，變成過於用力而無法放鬆及持久。C 則是更緊張的人，呼吸還沒有出來前，就已經開始數了，這會造成控制呼吸而導致身體緊張，嚴重的話，身體會抽搐。另外，也有人呼氣時，如 D 所示，能夠觀察到呼吸後再數，但為阻止吸氣時的妄念產生，於是入息時也數。這樣的數法，只數幾次還好，數多了會變得

圖一：數息類型圖

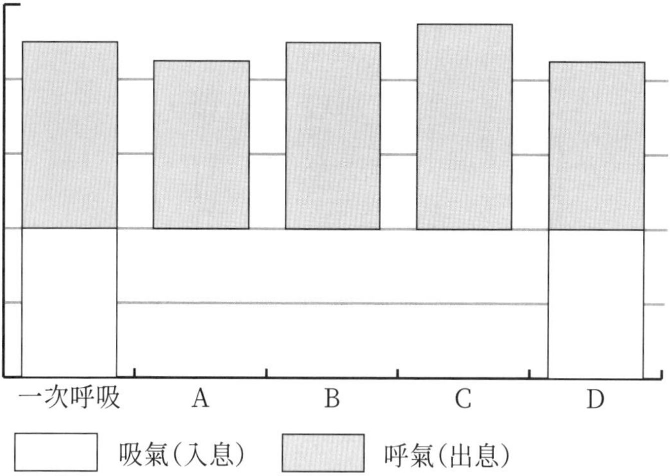

費體力、心力，而無法持久。如果發覺到此情形時，只要輕輕地回到A的方法，保持僅數出息，不數入息即可。

聖嚴師父常說：「只要還有一口呼吸在，就有無限的希望。」我在《平安最幸福》一書的〈享受呼吸好平安〉篇中說到：「呼吸是隨時、隨處、隨手可得的，只要是活著的人，從日到夜、從生到死，呼吸一直跟我們在一起。」對初學佛者來說，數息、觀呼吸是最容易調心、安心的禪修法門。

默照、話頭與四念住

四念住又稱四念處，與默照禪及話頭禪的關係密切。四念住被列為三十七道品的第一組，可見其重要性，無論是漢傳、南傳或藏傳佛教，都非常重視四念住，可說是各系統佛教共通的修行法門。

一般來說，完成五停心後，即可在定的基礎上修觀慧。慧有三種，是由聞、思、修三種所成，稱為聞思修三慧。聞慧是聽聞或閱讀佛法，思慧是思考而理解；修慧是應用、實踐佛法，也包括在禪堂的禪修。

深度修與廣度修

四念住的修法，可分為「縱向性修法」和「橫向性修法」。大家一般比較熟悉的是縱向性修法，所謂縱向性，是指觀身、受、心、法，一層一層地進去，修它的

「深度」。

四念住可分為「別相」和「總相」兩類，「別相念住」是指身、受、心、法，一個一個各別地觀，不與其他念處相雜，稱為「不雜緣」，一般是指觀身不淨——對治淨；觀受是苦——對治樂；觀心無常——對治常；觀法無我——對治我。以觀身受心法的不淨、苦、無常、無我來對治常、樂、我、淨的四種顛倒。「總相念住」則是總觀身、受、心、法，都不離苦、空、無常、無我的共相。別相和總相，都是四念住的縱向性修法。

一般比較少提到「橫向性修法」，但是這個修法其實也很重要。橫向性修法是在同一個念住上修它的「廣度」，也就是觀自（內）、觀他（外）與觀自他（內外）三個層次。《俱舍論》稱這樣的修法為「隨所緣念住」，「隨」字是隨順的意思，也就是隨自、隨他、隨自他，持續地在同一念住上做觀察，每一念住各有此三種修法，這是橫向性的，等於是量的擴大。簡單來說，是在各個念住的基礎上，加以擴大觀察身、受、心、法各別的量。

默照禪之深度修

默照禪的前三個階段都用直觀——直接觀察心的本身，雖然所緣境的層次有觀全身、觀全境等，實際上，無論是觀身或是觀境，所觀的都是自己的心而已，前前為粗，後後為細。修五停心觀的階段，基本上是屬「假想觀」，這是借所緣（即所觀察的對象）來鍊心修定；修四念住的目的則是「真實觀」，是直接、如實地觀察身、受、心、法的本質——苦、空、無常、無我的共相。

修默照時，沒有具體的所緣境，默照禪的任何階段都是導向觀慧，故默照的方法又稱為「無法之法」，這通於總相念住的真實觀修法。默照禪有四個層次：觀全身、觀全境、觀內外無限與絕觀默照。默照禪一開始就直接用四念處的總相念住來觀，也就是先直觀全身、觀全境、觀內外無限，達到穩定的統一心之後，最後再修絕觀默照，而這已經是達到悟的層次了。

當以默照禪「觀全身（相當於身、受念住）」而觀察到很好的時候，就能夠淡化身受，進而以環境為身，身體和環境成一整體，變成整個環境都是自己，這是

「觀全境」。全身、全境的「全」字，是指全部的意思，用默照時並不需要特別去想像一個全部，「默」的本身就已經具有全部的功能，「照」的時候就比較難，通常會被吸引到特別的局部上，此時輕輕地默，那就又回到全部上。

「觀內外無限」相當於心念住，這時身、受念住也是一起觀的，因為心更加微細，就能忽略身體的粗重感以及感覺的覺受，而對心念的活動清清楚楚，而能以心念住為主來觀。在觀身、受、心念住時，雖還不能以法念住為主，但仍是與法念住相應的。因為在觀全身、觀全境或內外無限時，都不將「我」放進去。

至於「絕觀默照」，則已經達到四念住的法念住。這是總括身、受、心、法，而以法念住為主。雖然觀四念住之目的是為修慧，但必須有與定相應的過程，當將內外無限的統一心也放下時，就達到了絕觀默照，而與定相應，必須在日常生活中培養。我們的心若耽著五欲之樂，心就不容易安定，更遑論與禪定相應。《八識規矩頌》有一句「眼耳身三二地居」，意思是說五根中的鼻根與舌根的作用只存在於欲界。生活中經常在大快朵頤而無法克制的人，大概不容易修定修得好。我在二〇二三年的年底，圓滿母親的百日關懷後，與俗家家眷在臺北一家老牌素食館餐敘，每一道菜都做得非常美味可口，大家都吃得很開心。三弟媳注意到我當天吃得很少，因為大部分用餐時間都用在話家常，如果我也吃得飽飽地，大概就無法用心照顧好大家了。

話頭禪之廣度修

另外，話頭與四念住的橫向性修法也有關係，也就是「自他觀」的運用。話頭的四個層次——念話頭、問話頭、參話頭、看話頭，這相當於散亂心、集中心、統一心、無心。特別是在問話頭的第二階段，可以運用四念住的自他觀——但順序稍有調整，先觀他，再觀自，最後再觀自他，進而達到參話頭的第三階段。

不知道大家打完話頭禪七回到家後有沒有類似的經驗，在街上看到很多路人在走路時，會不會有一種衝動，想要隨便逮住一個人問：「你是誰？」「你要到哪裡去？」通常一般人在走路逛街時，心裡可能都在想附近有什麼好吃的、好玩的，或想著要買什麼東西，不太可能會思索生命問題。其實路人快步行走的狀態，也很像禪堂裡的快步經行，彼此都是不相識的陌生人，都是萍水相逢的人生過客，特別在繁忙的十字街頭，很容易一眨眼就看到老老少少的不同年齡層的人，等於瞬間自己一生的全部生命過程都看到了，於是生死疑情很容易就生起來，這就是「觀他」。

觀他之後的第二念，要回到自己本身的生死問題，畢竟想抓別人來扣問生死，為什麼不抓自己呢？於是從觀「他」而返觀回「自」，能「觀自」時，就不需要走到街頭參禪了，而是隨時隨地都可以起疑情了。這就像有人因親人的往生而產生對生命的疑情，進而成為參話頭的方法；當疑情濃厚時，失去了自與他的分別心，就等於是自他一起觀。如此觀法，就可以成為參話頭的方法了。

總之，默照稱為無法之法，不講究特別的方法，但需具備深刻的無我態度。觀全身、全境、內外無限及絕觀默照的四個層次，可說運用了四念住的身、受、心、法的深度修法。參話頭則需要有疑情，對生命、生死的疑情，一般人或多或少都會有，這頗類似儒家所說的「惻隱之心人皆有之」，惻隱之心即一般所說的同情心，再深入一點就是同理心，最深的是自他一體的平等心。話頭的方法像金剛王寶劍，無堅不摧，但需發起對生命、生死的疑情。觀察生命無常現象，從觀他、觀自到觀自他一體，發起話頭的疑情並不難，這可說運用了四念住的廣度修法。

默照圓覺

聖嚴師父所教的默照禪法，共有四個層次：觀全身、觀全境、觀內外無限、絕觀默照。修行默照，要有大信心、大願心、大悲心，以及大精進心。其中大信心是最基礎也是最重要的條件。所謂大信心，一個是要相信指導的人——師父或善知識，當然也要相信自己可以修行，另外就是相信法——修行的觀念和方法。對於默照，信法之中，特別著重於對「無我」要有非常深刻的了解。因此，具備了對師、對己、對法的大信心，修學默照才能全身心投入。

默照四層次

在第一個層次的「觀全身」時，我們的注意力通常會被局部所牽引，變成只注意在某一處，那就要多加練習：在覺知到局部的時候，立即把它放到全身，雖然方法是觀照全身，也不要刻意用力，能意識到即可。用默照是非常省力的，所謂觀全身，不是刻意觀全身，而是把觀照的對象擴展到、意識到全身——不是用想像，而是直接的、自然地知道。「意識到」是指我們可以感知到身體的存在，用身體的觸感、觸覺來起觀照，這種對全身的感受、觸覺，是全部而非局部的。為避免落於習慣性的意識控制，在觀全身時，只要知道在觀照時，不被局部的觸感影響即可。觀全身觀得好，就像游泳時，一躍而跳入水中，感覺全身是水，身體的粗重感將會因而減輕，甚至消失。

第二個層次是「觀全境」。師父在《牛的印跡——禪修與開悟見性的道路》裡所提及的重點，默照不用六根，不用見聞覺知，這有兩種意思：第一種是指不用、不管六根——眼、耳、鼻、舌、身、意的任何局部；第二種是指直接用絕觀的頓法——心不在內、外、中間。我們的心不是在身體裡面，也不在身體外面，更不在中間，我們的心是超越於身體，是遍虛空、盡法界，即所謂的心包太虛，遍周沙界。到第二個層次的時候，我們已經超越自己身體的範圍。在第一個層次時，我們所觀照的範圍只在於自己的身體，到了第二個層次後，整個環境都是我們的身體了。

除了運用身體的感覺、觸覺之外，我們也可以採用耳根、耳觸的方法，當聽到聲音時，聲音必定與我們的耳根有一定的距離。如果我們的心被包在身體裡的話，就不可能聽得到身外的聲音。因此，我們的心不會只在身體裡。到了第二個層次，我們聽到聲音時，會很具體地知道自己的心已經超越了身體。最初的聲音可能只來自於一個點、一個方向，但是我們立即覺知到，心應該不只停留在那一個點、那一個方向上，而是整體、整個環境都是心。既然身體和整個環境都是我們的心，則耳根不需要往外去攀緣特定的聲音，而是讓聲音進入自己的耳根，這時平等覺知所有、全部的聲音，從「所聞」返回「能聞」，這就是《楞嚴經．觀世音菩薩耳根圓通章》所說的，回到內在的「聞性」。「覺知」不被特定的聲音所拉走，這是觀全境。但為避免落於意識的想像，只要知道這樣的覺知或觀照，沒有落於特定的聲音或方向即可。

第三個層次的「觀內外無限」，是用意根、意觸的方法。當第二個層次用得很好時，妄念已經不多了。這時候，內心所起的任何一個念頭，都會清清楚楚。這時知道真心是完整的，不應該有妄念。當一知道有妄念的時候，不要注意那個妄念，馬上就能回到沒有妄念的狀況，知道整體的心是沒有妄念的。也就是說，有妄念的心一定是局部的，整體的心則是沒有妄念，繼續保持完整的心，這其實就是一種統一心。當第三個層次用得好時，便和定境相應了。

綜合來說，前三個層次的不同，在於第一個層次的要領，我們一感知到局部的身體，立即回到全部，但不要因此刻意用力，只要輕輕地意識到即可，這是用身觸、身根的方法；第二個層次要領，心不在身體裡面，真正的心是包容整個環境、空間，可運用耳觸、耳根的方法；第三個層次要領，當覺知有妄念時，已經進到局部的心，這時不要去管妄念，而回到整體的心，這是用意觸、意根的方法。第二個層次和第三個層次的差別是，在第二個層次的時候，雖然已經知道整體的環境，全境都是我們的心，但實際上，觀照力還無法達到全境都是我們的心，我們的心只能往那個方向去發展；到了第三個層次的時候，我們的心力已能達到，全部的境已經是我們整體的心，這是內外無限——達到心的至大無外。

第四個層次是「絕觀默照」，等於是捨掉全部的妄念，放下全部的身心，也就是「萬緣放下，一念不生」。我記得有次在聖基會辦公室裡，和幾位法師開會後，聽到聖嚴師父親自講到默照很容易用，方法很簡單，師父告訴我們說：「修行不難耶！萬緣放下，一念不生！」修行話頭禪法的關鍵，是發起深切的「生死疑情」；默照禪法的重點，則是要有深刻的「無我知見」。

《圓覺經》的頓法

《圓覺經．清淨慧菩薩章》說：「居一切時不起妄念，於諸妄心亦不息滅，住妄想境不加了知，於無了知不辨真實。」這四句話都指向默照「絕觀默照」的層次。

居一切時不起妄念：不只是在打坐的時候不起妄念，而是在任何時候都不起妄念，這也相應於《六祖壇經》「念而無念」的悟境。

於諸妄心亦不息滅：妄心是有妄念的心，妄念有粗、有細，但不管妄念的粗細，當發覺有妄念的時候，妄念已經不在了——妄心本無，沒有必要再起妄念去滅妄念。

住妄想境不加了知：當妄念起時，必有相對的妄境，但不要追逐那妄境是什麼。知道是妄境時，妄境已經不存在了。所謂不存在，不等於斷滅見的虛無、空無，「妄想境」畢竟不是真實的，因此不需要去判斷或知道它到底是真的或假的。不用知道什麼是「妄想境」，也不需要去了解妄想境從哪裡來。這有點像當我們剛從夢境醒來時，一定知有夢境。但夢境非真，妄境本空如夢境，知空立即放下，不需要去了知它。

於無了知不辨真實：真知無知，但所謂的無了知、無知，並非什麼都不知道，而是指我們真正、清淨的本性，是離能、離所，既無能知，也無所知。當然也就沒有必要去分辨真實與不真實的差別。

法眼文益禪師參方至湖南，途中遇到下雨，因溪水上漲，需要暫避，而參訪羅漢桂琛禪師。羅漢禪師問：「你行腳要做什麼？」法眼禪師說：「不知道。」羅漢說：「不知最親切。」法眼豁然大悟。不知不是無知，而是悟到了本來面目的自由自在，失去了執著實有生死、煩惱的分別心。

《圓覺經》的漸法

《圓覺經》的這四句話，除了共同指向「絕觀默照」之外，每一句也可以個別地運用在默照的四個層次上。默照的前三個層次，用直觀的方法就可以達成，所謂的直觀是：遇到任何境界不給名字、不加形容、不做比較。其實，我們日常所見到、聽到、想到的，都不離聲音、語言、文字、觀念、符號，這都和我們清淨的自心本性，全然沒有交涉。在「觀全身」時，對局部不加注意，不起分別，這等於是「於無了知不辨真實」。

「觀全境」時，即是「住妄想境不加了知」。只要保持「觀照」就夠了，因為所謂的境，其實也是心的本身，如果加以了知，就會變成是頭上安頭。妄境、妄念本來就是沒有的，不存在的，是因分別心而產生，知道妄境時，就已經離開了妄境，所以不需要去追究、了知。修行的基本態度都是「回到方法」，所以根本不必去管妄念。

「觀內外無限」時，心中有任何念頭出現，都不去注意它，不再起另外一個念頭去滅除前面的念頭，這即是「於諸妄心亦不息滅」。這樣的「觀內外無限」，也很像觀「海印三昧」的方法，只觀全部、深廣無邊無涯的大海，而不去管海面上數數起伏的波浪一樣，觀到最後，波浪終會消失，只剩下整體的大海。此時，已經達到很穩定的「一心」了。

「絕觀默照」即是「萬緣放下，一念不生」，或如《聖嚴法師教默照禪》中所提到的「放捨諸相，休息萬事」，對任何心內或心外的相，不管是具體的、抽象的都要全部放下。這如同《圓覺經》的「居一切時不起妄念」。這已經是捨掉一心，而達到無心的悟境了。

其實，默照可以追溯到達摩祖師在〈二入四行〉中所說的禪法：「外息諸緣，內心無喘，心如牆壁，可以入道。」所謂的外息諸緣，包括我們向外的見聞覺知或是內心所想到的，全部都是外緣；進一步來說，「內心無喘」就能「心如牆壁」，也就是任何的忘想、忘念都不起，就像牆壁一樣，不受到風吹草動的任何妄心、妄境所影響，那就可以入道了。

話頭緊，默照鬆

話頭是緊的「縮小法」：以疑情來吸收、濃縮、斬斷妄念，最後到達自我中心的粉碎、爆炸，而見到本來面目，這是至小無內的修法。默照則是鬆的「擴大法」：以直觀心性、只管打坐的無法之法來稀釋、沉澱妄念，最後達到自我中心的脫落而開悟見性，這是至大無外的修法。由於科技日新月異及社會變遷迅速，現代人多忙碌於緊張的工作與生活中，故修行方式應不同於古人，而宜用漸進式的鬆法，有身心安定的基礎，則更易悟入禪法。因此，從初機乃至老參都適合來用默照的方法，故近年來法鼓山所推廣的禪修也多以默照禪為主。

金剛王寶劍

參話頭一定要有疑情，才容易用上參話頭的方法。參話頭可以讓我們看到沒有生死以前的本來面目。雖然從佛法的義理知道諸行無常、諸法無我、涅槃寂靜的三法印道理，可是這些都是知識、觀念，而不是實際的體驗。首先必須要堅信自己有一個本來面目，但這樣還不夠，還需要有修行方法，才能見到本來面目。話頭又稱作「金剛王寶劍」，能夠斬除一切妄想煩惱，可以讓我們快速見到本來面目。

參話頭要先發起疑情，有了疑情就可以參話頭，雖然參話頭的方法隨時隨地都可以用，但在日常生活當中，宜用鬆法來參。在精進禪修時，則較易放下種種的人、事、物等外緣來全心投入修行。比如在禪期中，有內外護的法師協助打點、照顧生活所需，讓我們得以專心用功。當心安定時，疑情比較容易生起，心中的妄念愈少，疑情愈容易保持住。

為什麼見到本來面目如此重要？因為見到本來面目後，才真正奠定了修行的信心，也就是禪宗所說的悟後起修，也才知道什麼是沒有煩惱。一般的禪修僅止於修定的層次，所以只能達到心念的暫時清淨；參話頭的方法則是定慧一體而以慧為主，不用修深定，即可破除自我中心的煩惱殼，而明心見性。

參話頭的態度

修行的態度是只問耕耘，不問收穫。隨時把握住修行的因，不在乎緣何時會到，而當助緣來到時，收穫時機自然會成熟。所謂「欲識佛性義，當觀時節因緣」，開悟要有因緣時節，主客觀的因緣都具足了，修行的成果就會水到渠成。因此，《阿含經》也說：「有因有緣集世間，有因有緣世間集；有因有緣滅世間，有因有緣世間滅。」煩惱生死是由於因緣，但是出離生死煩惱也要有因、有緣。《聖嚴法師教話頭禪》便提醒說：「不去管何時開悟。也許下一念便開悟，也許下一輩子才開悟，都不要管它，即使八輩子、一百輩子不開悟，仍然要繼續參話頭。」這輩子只要還活著，知道有話頭的方法可以參、可以用，就要好好珍惜。修行的過程就是目的，一旦時機成熟，自然就會開悟。

雖說開悟要有因緣時節，但在還沒有開悟之前，沒有人知道什麼時候會開悟。聖嚴師父在《禪鑰》裡說：「不開悟並不等於沒有用，只是在禪修過程中，能用正確的方法及正確的觀念，隨時都可減少無奈、煩躁、恐懼、鬱悶、不平衡等的苦惱。」參話頭不管有沒有開悟，在修行過程中感覺到煩惱愈來愈少，這就已經值得了。師父並在《法鼓道風》裡勉勵我們，修行時要「生死交予常住，生命付予龍天」，我們已經在修行了，就不擔心生死的問題，重要的是保持恆常心修行，隨時隨地不離修行，不必在意什麼時候會開悟。

觀無常起疑情

參話頭共有四個層次：念話頭、問話頭、參話頭與看話頭，其中最核心、最重要的是第三個層次：參話頭。

參話頭要有疑情才使得上力，沒有疑情時，要主動製造疑情，疑情生不起，是因為日常生活中的煩惱力量太強，因此方法用不上力。一般人在親人往生時，也多少會生起生死問題的疑情，但通常都只維持短暫、片刻而已，事過境遷之後就淡化了，無法持續疑情而變成修行方法。

煩惱可以分為兩大類，一類名為「纏」，是屬於淺層、容易感知的煩惱；另一類名為「隨眠」，是較深層、難以感知的煩惱。修行到很安定，甚至入定時，僅能夠讓煩惱暫時不出現，沒有真正將煩惱斷除。因此，僅修禪定，無法對治隨眠的煩惱。所謂隨眠，它是一種潛在的深層煩惱，不容易發覺。參話頭不但能對治淺層的煩惱，也能破除深層的煩惱。參話頭參到深度的集中心或心安定時，便能夠生起疑情。所謂疑情，是急迫想見到沒有生死以前的本來面目，時時刻刻感覺生死問題迫在眉睫，解決生死大事刻不容緩，生命中沒有比這更重要的事了，這就是一種迫切要究明生死大事的疑情。

參話頭的疑情，是從對佛法的深信而產生出來的，相信自己一定有一個沒有生死煩惱的本來面目，而且知道從佛陀到歷代無數的祖師大德都曾修行得道，自己修行也一定能夠明心見性。疑情並不是貪、瞋、癡、慢、疑、邪見等六大根本煩惱的

「疑」，而是一種對生命、對生死問題的深度觀察、反省，轉化而成的一種修行方法，這是參話頭的原理。佛陀在很多經典裡告訴弟子們：「生命就在呼吸之間。」《聖嚴法師教禪坐》也曾提及，一般人一分鐘大概有十六次呼吸，如果活到一百歲，也只有八億四千一百八十三萬六千次呼吸，這並不是天文數字。比如說，我已經滿六十五歲了，如果可以和師父一樣活到八十歲的話，那就還有十五年的時間可以活，以呼吸來說，只有一億多次的呼吸。其實，我們現在就在和時間賽跑，一秒一秒地一直往前在跑，這是非常現實的經驗，生命的時間無時無刻不在流逝。

不少人小時候都玩過撲克牌，薄薄的撲克牌可以兩張一組，像倒V字型一樣站立起來，一組一組地靠在一起，當最前面的第一組倒下來時，後面的會馬上接著倒，而且倒下來的速度會愈來愈快，這是骨牌效應的原理。對於時間的感覺，我們常常會聽人說，如果年紀愈大，時間就過得愈快，這和骨牌效應有點類似，對日子過得愈熟悉，時間就過得愈快，而且年紀大了，身體和機器一樣經常需要維修，真正能夠使用的時間遠比年輕的時候少，所以更會感到時間過得愈來愈快。

我在法鼓文理學院擔任班導師期間，曾帶同學到首座和尚惠敏法師擔任住持的西蓮淨苑參訪，淨苑裡有一間智諭老和尚的紀念堂，裡面展示著老和尚生前的用物，其中有一個掛在牆上的鐘。導覽法師解釋這鐘的展示意義，表示老和尚圓寂的那一天是幾點幾分幾秒，時鐘的時針、分針、秒針就停在那個時間點上。那個鐘並非因為故障而停止不動，而是故意讓它停在智諭老和尚往生那一刻的時間點。我們每個人都會有這一次生命時鐘的最終停擺，至於什麼時候會到，可能晚一點，也可能很快到來，我們要能夠警覺到生死的問題，就如同貼在鼻尖上之近！

從時間上容易感受到無常，從空間上也是如此。二〇二二年的五月份，我前往一家會館，為法鼓山人文社會基金會顧問黃石城菩薩做關懷誦念，由於他生前非常熱心公益，對臺灣社會有很大的貢獻，曾當過兩屆的彰化縣縣長，也擔任過中央選舉委員會的主任委員及總統府國策顧問等，因此弔唁的人非常眾多。會館地點位在民權東路上第一殯儀館的對面，住在附近的人應該可以感覺到離死亡最近，因為每天都會看到殯儀館，照理來說，這裡應該是最好修行的地方，實際上，卻不一定如此。會館的人經常為人辦理喪儀，司空見慣了以後，反而無感。因此，無常觀很重要，所謂：「我見他人死，我心熱如火，不是熱他人，看看輪到我。」我有不少到生命園區關懷的機會，每次都感到生死無常是一個現在進行式。

法鼓山各個基金會在做例行的年度收支結算時，除了一般的實際收支之外，還會有一筆建築物的折舊開支，這表示就連沒有生命的物質空間，也和我們有生命的人一樣有成、住、壞、空的變化。不管是有生命的人或無生命的物，都一直處於諸行無常的狀態中。

資深媒體人劉忠繼菩薩因為血球的病變入院，而接受治療時，說我送給他的《平安最幸福》，〈把握生命的有效期限〉那一篇讓他感到很受用。我們平常從商店購買的食品，包裝上都會註明有效期限。即使是車子、電梯、飲水機等，也都要定期保養，才不會出問題。在我們每天的日常生活當中，其實無常的運作隨時隨地都在發生。比如說，電燈泡突然不亮了，這是大家常有的經驗；電腦突然當機了，大家也都可能常會遇到；甚至連我們生命也很可能隨時隨地就會結束。如果有這樣的一種生死心切，對生命的疑情就會發起，而成為我們的修行方法。

熟轉生三層次

我們常說修行方法的次第是：「生處轉熟，熟處轉生。」所謂「生處轉熟」，是指利他無我的菩提願心要天天發、時時發，讓它成熟，才容易放下自我中心的煩惱。此外，話頭禪的觀念、知見要建立，方法、要領要常常琢磨、砥礪，修行才容易上手。要練習到連處理日常事務時，也能不忘將自己的本參話頭「單提向上」，這是「生轉熟」。而「熟處轉生」則是改正我們不好的習慣或習氣，所謂「人成佛即成」，即鼓勵先把人做好，修行就不難。

對起疑情參話頭的方法而言，「熟處轉生」有三層的意義。

第一層是「對環境的熟轉生」。一般人往往習慣於熟悉的人、事、物及環境，並從而產生一種確定性與安全感。然而，熟悉也意味著不易接受改變、變化，其實佛法所說的「諸行無常」才是世間的真相。對「熟悉」起懷疑，感到生疏，就容易發起疑情。記得擔任法鼓山副住持的時候，有幾次離開總本山一、兩個月，前往北美關懷，返臺當天，從機場回到總本山後，一看到男寮總是會生起一種生疏、惆悵感，覺得不是我曾經熟悉的環境，經過了好幾天才漸漸適應。此外，與楊蓓老師共同教授「生命教育專題研究」課程時，有位黃菩薩分享她到大陸探親的體驗。因新冠疫情的關係，她被要求住在四川成都隔離。她在被單獨隔離的兩週裡，從內心生起「我是誰」、「我在哪裡」的疑問，很類似禪修中的疑情。其實，能夠把這樣的疑情延續到自己熟悉的環境時，就可以參話頭了。《八大人覺經》的第一覺悟說「世間無常，國土危脆」，對自己所熟悉的環境，如果能夠經常生起一種生疏的感覺，就容易用上話頭的方法了。

第二層是「對他人的熟轉生」。我們常說修學大乘菩薩道要福慧雙修或是悲智雙運，以慈悲的溫暖來關懷人間的疾苦，以智慧的清涼來消除自己的煩惱。用慈悲對待別人，這是「熟悉」的提起力量；智慧則是「生疏」的放下工夫，比如參話頭，則要鍛鍊對他人生疏的工夫。二〇〇五年從日本留學回來後，有兩年期間在臺中霧峰的亞洲大學教書，經常需要往返臺中和總本山，在經過臺北車站的地下街時，身旁行人幾乎不認識，而且大家的腳步都特別快，有好幾次都想隨意抓住一個人問他：「你是誰？」「你要到哪裡去？」就像在禪堂的總護、監香在問禪眾一樣。這是一種淺層的疑情，再深一點的話，就會直接問自己了。精進禪修中因有內外護，禪眾不必為生活操心，而得以專心用功，而且是共同作息，必須遵守禁語的規定，所以人和人之間幾乎沒有什麼互動，彼此不相干擾。禪堂法師會提醒大家，在修行態度上，每個人都要從環境，乃至內心上，把自己孤立起來。這樣的方式，也是一種「熟轉生」的運用。在日常生活中，在關懷他人的當下，也不離自己話頭的生疏修行方法，這是第二層「熟轉生」的運用。

第三層是「對自我的熟轉生」。「自我」的存在感是眾生最熟悉的，也最捨不得放棄的東西，但生死煩惱的根本就來自對生命存在、對自我中心的執著——我執。《大智度論》說：「譬如賈客入海採寶，垂出大海，其船卒壞，珍寶失盡，而自喜慶，舉手而言：『幾（乎）失（去）大寶！』眾人怪言：『汝失財物，裸形得脫，云何喜言幾失大寶？』答言：『一切寶中，人命第一；人為命故求財，不為財故求命。』」二〇二四年一月二日晚間，日本東京羽田機場發生一起撞機的重大事故，在極為有限的時間內，乘客含機組員近四百人幸而全部脫出，其中關鍵原因之一，是大家聽從空服員指揮——不攜帶任何行李，以逃命為先。這也印證了遇到重大事故的關頭，生命才是最重要的，以保命為先，其他都是身外之物。禪法的最高修行，連這最珍貴、最熟悉的「我」也要放下，才會得到真正的受用，故禪宗修行有「懸崖撒手」的比喻，就是透過禪法來徹底破除這生死煩惱的根本我執，才能「絕後再蘇」，於大死之後再甦醒而大活過來，而真正見到清淨的本來面目。

經常熟悉於對環境、對他人、對自我的慣性認知，容易擬造一種自我生命的同溫層，乃至舒適圈的氛圍，因而缺少對生命無常的警覺，就比較不易用上話頭的方法。初學參話頭的人一有疑情，很容易被日常生活事物打斷，而難持續用功，更遑論打成一片。但如果能夠運用對境、對人、對己的三層「熟轉生」要領，起疑情參話頭的方法並不難。話頭這一把金剛王寶劍無堅不摧，能夠破除一切我執的妄想雜念，而明心見性，開發出無我的智慧。故說：「小疑小悟，大疑大悟。」

疑情是人人隱藏在內心深處，一種對生命存在的深度疑問，但常人忙於應對、追逐世間的種種利害得失，以致開啟智慧之鎖的疑情被隱沒了。故參話頭首重發起疑情，沒有疑情也要製造疑情——從念話頭開始，進而問話頭、參話頭，破參之後也繼續用話頭的方法——看話頭。

《心經》四慧

《心經》經文非常簡短，只有兩百六十個字，可說是佛教徒最常用的經典。觀音法門有很多種，《心經》是觀音菩薩的智慧法門，內容重點是觀空，是大乘佛法般若空慧的心要。

《心經》有四種智慧：聞慧、思慧、修慧、證慧。聽聞、讀誦是聞慧；了解法義是思慧；觀照、修持是修慧；證入空性則是證慧。《心經》一開始就開宗明義地說：「觀自在菩薩，行深般若波羅蜜多時，照見觀五蘊皆空，度一切苦厄。」所謂「行深般若」，意即能夠實踐、實證甚深的般若智慧。

聞、思慧

《心經》的聞、思、修、證四種智慧，等同從信、解、行、證四階段來實踐

「空」的智慧。首先是「聞、思慧」，事實上，聞慧與思慧仍是有所差別的。所謂「聞慧」，最初是指聽聞善知識說佛法，或是自己看佛書而產生了對佛法的信心，這聞慧相當於信、解、行、證的「信」階段。如果能進一步透過自己的思考、理解，而對佛法的三法印、四聖諦乃至一切法空等義理深信不疑，即是「思慧」，相當於「解」階段。因對佛法深信、好樂，希望親自體驗，而發起實踐的願行，即進到「修慧」，相當於「行」階段。因實踐而體驗到了佛法，即是「證慧」，相當於「證」階段。

（一）三法印與大乘一實相印「空」

《心經》經文的開頭說：「觀自在菩薩，行深般若波羅蜜多時，照見五蘊皆空，度一切苦厄。」這是以大乘佛教一實相印的「空」，來直接觀照五蘊。空是大乘佛教的思想核心，至於原始佛教的根本教義，則是三法印的「諸行無常，諸法無我，涅槃寂靜」。諸行無常指眾生的心行、心念無常，但事實上，世間無論是物質或精神都無時無刻不在變化之中，沒有一個永恆不變的事物，這是無常的第一涵義。進而觀之，無常即是無有常；而沒有「常」，即是沒有「一」，也等於沒有「我」。故深觀無常，即能通達無我。假如以無常為常的話，就會受苦，故說「諸受是苦」。如能面對、接受無常是正常，進而處理無常，人生的痛苦將會減少一些。如能深觀無常的本身，即是無我、空，就能究竟離苦得樂，而實證究竟涅槃。

《心經》全文共有七個「空」字，但沒有出現過無常或無我的用法。事實上，《心經》的法門是直觀般若空，以一實相印的「空」來涵攝諸行無常、諸法無我及涅槃寂靜三法印。《心經》先各別觀五蘊的每個蘊皆是空，先觀「色不異空，空不異色；色即是空，空即是色」，然後觀「受、想、行、識，亦復如是」。色是指色法，這包括由五根的眼、耳、鼻、舌、身所組成的身體，以及所接觸到的對象、境界——色、聲、香、味、觸的五塵，都屬於色法的範圍。受、想、行、識是我們心理、精神活動的內容與過程，一層比一層深細。簡單來說，色是相，空是性。色是指有形、有相，但色的本質、本性是空性。色等的相，是一般人都可以經驗到的事實，但因為執著為實有或實無，而見不到它的本性是空。前面經文簡單的白話解釋是：「色等五蘊不離空，空也沒有離開色等五蘊；色等五蘊就是空，空就是色等五蘊。」換句話說，「色不異空，空不異色」意即：色法是因緣所生，不離開空的本性。空性是無自性的意思，空性也沒有離開色法而別有。因此，色與空是不異的關係。方便的說，色與空就像手心跟手背一樣，是一體之兩面，既不一又不異。事實上，空並非是與色相對，而是絕對、超越的。然而一旦形之於語言文字，似乎就要變成兩個相對的概念，其實兩者毫無差別，故說「不異」。進一步來講，色法是因緣所生而無自性，無自性就是空性，故說「色即是空」。而因色等諸法的本性是空性，故可以成立色等諸法，故說「空即是色」。兩句連起來說，就是「色即是空，空即是色」。

（二）蘊、處、界三科

《心經》接著觀，空中無五蘊、無十二處、無十八界、無十二因緣、無四諦、無智亦無得等。我們就此來說明蘊、處、界三科，以及四諦與十二因緣的關係。

在《阿含經》中，常將一切諸法分為蘊、處、界三科，這是將有情正報的身心及依報的環境世界，做不同面向的分類。事實上，這三科的分類與修行的次第密切相關。生命的事實，無非是物質與精神的存在，修行是要解決生命痛苦及生死煩惱的問題，所以要先從觀察五蘊的身心開始，然後旁及身心所接觸、依存的外境。五蘊身心簡稱為色心，身是物質，即色法；心是精神，即心法。五蘊心法的四蘊中，識蘊是主要的，唯識又稱為心王，受、想、行三蘊統稱為心所法。色法只有一蘊，故五蘊法中偏重心法。

十二處是進一步將五蘊的色蘊，分為「內五處」與「外五處」，即一般所說的「內五根」與「外五塵」；把受、想、行三蘊統歸為「法處」；意處則相當於五蘊的「識蘊」。故十二處中，色法偏多。

十八界的「內五界」與「外五界」等同十二處的「內五處」與「外五處」。「法界」和十二處的「法處」一樣，都是五蘊受、想、行三蘊的統稱。但將五蘊的識蘊或十二處的意處，再細分為六識界和意界。其實，各別六識界的總和就等於是意界。但這樣的分法，可成為根、境、識的每一界相互對應。在蘊、處、界三科之中，以五蘊為最簡要，因而《阿含經》常常提到觀五蘊的無常、苦、空、無我。蘊、處、界三科的相互關係如表一。

表一：蘊、處、界三科的相互關係

三科／諸法	色	心	
		心所	心（王）
五蘊	色蘊	受蘊、想蘊、行蘊	識蘊
十二處	內五處、外五處	法處	意處
十八界	內五界、外五界	法界	六識界（別）、意界（總）

五蘊的重點是心，共占了四個蘊，可區分為心法與心所法，所以特徵是「心分能所」。無論從生死或是還滅的立場來說，心法是最主要也是最重要的，然而心也是最難約束的。從初機修行的角度來說，一開始就觀心法並不容易。因此，《阿含經》都是先從觀色法入手，所以修觀要「觀色為先」。而有情的五蘊身心自體，不能夠離開其所接觸的六塵境處而存在，因而開展出十二處。

十二處的重點在色法，即是根與境——五根和五塵的關係，這是以內、外處做區分，所以特徵是「處分內外」。從修行的角度而言，做為身心內在的根門才是主要和主動的，外在的境處是次要和被動的。內是指組成身體的五根，因而在佛教經論中，常勸勉修行人要「守護根門」。故修觀以「根門為主」。

十八界區分為六根界、六塵界與六識界，其重點是「根、境、識」相互依存的關係。其實，六識界加上六根界的「意界」，即是五蘊的「識蘊」，或十二處的「意處」。六識界是「所依」、是「別」；意界是「能依」、是「總」，所以特徵是「識有總別」。在蘊、處、界三科之中，都沒有講到意根，可以說五蘊的「識蘊」與十二處的「意處」，即相當於「意根」。識與根、境的關係是識依根境而生，所以說修觀是「識依根境」。這也再次強調，守護六根是修行的重點。蘊、處、界三科的重點、特徵與修觀的關係如表二。

表二：蘊、處、界三科的重點、特徵與修觀

三科	重點	特徵	修觀
五蘊	心	心分能所	觀色為先
十二處	根、境	處分內外	根門為主
十八界	根、境、識	識有總別	識依根境

（三）四諦、十二因緣

了解蘊、處、界三科的相互關係，是為了要進一步知道十二因緣的流轉、還滅及四聖諦的修證因果。苦、集、滅、道四聖諦，即是知苦、斷集、證滅、修道。知道身心生死流轉的「苦」果不是本來如此，而是有它的原因——集。既然生死流轉的果是從因而來，斷了苦因的「集」，「苦」的果自然就會消「滅」，而要斷苦因必須有方法，所以要修「道」，這是生死還滅的因果。不管流轉或還滅，都有其因果。既然順向生死流轉的果，是從因而來，生死也可以逆向還滅。還滅的因是

「道」，還滅的果是「滅」——涅槃寂靜。能夠還滅，是由於任何一法皆由因緣所生，因緣所生即是空無自性，因諸法空無自性，故可以還滅。十二因緣的三世流轉兩重因果，以修行四諦來講，即是從知苦而斷集（果到因）。反之，還滅的因果則是從修道到證滅（因到果）。十二因緣與四聖諦之關係如表三。

表三：十二因緣與四聖諦之關係

	流轉		還滅	
十二因緣	無明、行↓ 愛、取、有↓	識、名色、六入、觸、受 生、老死	八正道	實證無我空性
四聖諦	集	苦	道	滅

（四）空與無生

前段經文先觀五蘊等諸法是「空」，下面則直接觀「空」這一法。故經文接著說：「舍利子！是諸法空相，不生不滅，不垢不淨，不增不減。」所謂「空相」，即是「空性」的意思。「空」的本質，扼要地說是「不生不滅」，甚至用「不生」或「無生」二字即可。《中論》說八不中道——不生不滅、不常不斷、不一不異、不來不去。「生」是「有」或「存在」的意思，「不生」是說五蘊等一切諸法的本性、實相是「空」，因為任何一法都不是真正、實在的「有」或「存在」，都是暫時的「有」，是假有、幻有。「不滅」是說沒有實在的「滅」，都是暫時的「滅」，是假滅、幻滅——非真滅，故稱「不滅」。其實，了解「不生」即可，不生就是不滅，有生才有滅可言，不生就一定不滅。

對「不生」的觀法，一般會從「四門不生」來加以觀察，也就是：「諸法不自生，亦不從他生，不共不無因，是故知無生。」所謂「自生」是自性生，自性有，即自己本來如此，亦即自己生自己。但自即不生，生即不自，「自生」的本身就語義自相矛盾，無法成立；又，假如自生成立的話，這自生自，變成不斷地自己生自己，會犯無窮「生」的過失。「不自生」是說任何一法都不是本來如此，都是要借助其他種種的因緣、條件才得以產生，稱為「因緣生」，又叫作「無自性生」，也即是暫時的「生」，是假生、幻生。一切法的現象是「無自性生」，故一切法的本性是「無生」、「不生」。世間任何一法的本性既然是不自生，也就不從他生了。從自而說他，以「他」一法的本身來看也是「自」，故不自生，就不從他生；既然不自生，不他生，也就無法成立「共生」了。「無因生」是主張世間的一切皆是無因而有，即無因而有果，這是自然外道。

修行智慧有兩大重點，第一個要先建立對佛法的正知正見，第二個要放下——即放下種種的我執與妄想雜念，甚至對實有「空」這一法的執著都要放下。五蘊等諸法與「空」的關係，乃至「空」這一法的本身是什麼，都是聞、思慧的範圍。然而，要如何直接實踐、體證呢？因此，下面接著介紹《心經》的修慧方法。

修慧

（一）頓修

《心經》的修慧，可分為頓修與漸修兩種。

首先是頓修，《心經》要我們直觀：「是故空中無色，無受、想、行、識。無眼、耳、鼻、舌、身、意；無色、聲、香、味、觸、法；無眼界，乃至無意識界。無無明，亦無無明盡；乃至無老死，亦無老死盡。無苦、集、滅、道。無智亦無得。」

前面說到觀五蘊、十二處、十八界的三科，以及十二因緣的流轉與還滅，並要修四聖諦、八正道，反流轉而證入還滅，來「得」到大「智」慧。這是從觀察五蘊等諸法是空的「思慧」而說的。然而，這一段經文的關鍵字是「無」，無！無！無！一直「無」下去。從真修實證的立場，「無」的真義是「放下」，放下對種種法是「實有」或「實無」之執著，也就是要我們離念，離有也離無。《壇經》也說：「菩提本自性，起心即是妄，淨心在妄中，但正無三障。」這告訴我們要親自體驗勝義的「空性」，無論是心內或是心外的所有一切都要放下，連對般若空的聞、思慧也要放下。「無」是要我們放下，放下則得自在；但「無」不是什麼都沒有的斷滅見。因此，《心經》說「無」五蘊、「無」十二處、「無」十八界。「無無明，……乃至無老死」是「無」十二因緣的流轉，也等同「無」四諦的苦與集。無明盡是無明滅，老死盡是老死滅，無明盡到老死盡是指十二因緣的還滅。既然沒有十二因緣的流轉，也就不需要還滅。因此要觀「亦無無明盡，……亦無老死盡」，這即是「無」十二因緣的還滅，也等同是「無」四諦的滅與道。以修「道」來還滅十二因緣，可以證得寂「滅」的智慧，現在說沒有十二因緣，則不用修「道」去還滅，當然也就沒有「智」慧可「得」，因此，經文最後觀「無智亦無得」。

以上是《心經》「照見五蘊皆空」的頓修慧方法，也就是要做到：言語道斷，心行處滅——捨棄對世間的語言觀念，乃至對空慧的知見都要放下，而直接去體驗勝義的「空」，這是頓修般若空慧的方法。

（二）漸修

前面是頓修慧，接下來是漸修慧的修持方法。

頓修是將一切我執、妄想放下，乃至對「空」的知見、理解也都要放下，才能夠體驗到真正、超越的「空」。如果做不到，就要漸修，要慢慢地來。所以經文最後說：「故知般若波羅蜜多，是大神咒，是大明咒，是無上咒，是無等等咒；能除一切苦，真實不虛。故說般若波羅蜜多咒，即說咒曰：揭諦揭諦，波羅揭諦，波羅僧揭諦，菩提薩婆訶。」這是將《心經》當作咒語來念，就像修持五停心觀的念佛，或是六念法門的念佛、法、僧三寶等法門一樣。日本日蓮宗專門教人念「南無妙法蓮華經」經題，算是「念法」法門的一類。隋朝四祖道信禪師遇到盜賊圍城多日，他勸勉大眾念「摩訶般若波羅蜜多」，感應金剛大力神守護，盜賊不攻自散。念佛、念法、念僧是漸修法門，像誦念《心經》、〈六字大明咒〉、〈大悲咒〉，或念觀世音菩薩、阿彌陀佛等佛菩薩聖號，也會有感應道交的宗教信仰功能或安定身心的效果。在身心安定之後，再從「念法」進而「觀法」，那就從漸修而進入頓修的層次了。

證慧

證慧可分為兩種：菩薩的證慧與佛的證慧。

（一）菩薩證慧

菩薩的證慧是：「以無所得故，菩提薩埵，依般若波羅蜜多故，心無罣礙；無罣礙故，無有恐怖，遠離顛倒夢想，究竟涅槃。」菩薩因深觀五蘊皆空，對生死無所怖畏，還能夠在生死之中廣度眾生。菩薩對三法印、四聖諦、一實相印透徹體悟，不會起「常樂我淨」四顛倒見，也不會起凡夫的我執與二乘的法執，而最後能夠證入究竟涅槃。

（二）佛的證慧

佛的證慧則是：「三世諸佛，依般若波羅蜜多故，得阿耨多羅三藐三菩提。」這是大乘佛法最高的證慧——成就悲智圓滿，完成無上正等正覺的佛果。

修行菩薩道的主要內容是布施、持戒、忍辱、精進、禪定與智慧等六度波羅蜜，但六度需以智慧做為領導，來貫穿前五度才得以究竟，故說「五度如盲，般若為導」。《心經》很簡短，又是大乘佛法的心要，故受到佛弟子的普遍受持、讀誦、解說乃至書寫、供養等。如能從空慧的法義聞、思，進而修持、觀照，必能實證甚深的般若空慧，而獲得究竟解脫自在。

第二篇

頓悟的生活妙法

學佛入門

學佛入門的方式，可分為兩大類：一類稱為隨信行，另一類則是隨法行；也可說前者是信仰為重，後者是理解為先。

信仰為重

隨信行多從感性的信仰入門，就像我俗家的姑媽老菩薩，雖然不識字，對佛法義理也懂得不多，但曾接引不少人去農禪寺聽聖嚴師父講經。她信佛很虔誠，經常念觀音、拜觀音，也熱心參加助念關懷，這是屬於感性為主、重於信仰的一類。她自己雖然無法為人解說佛法，但相信佛陀、祖師大德和聖嚴師父所說的佛法。這即是以信仰為重的隨信行，是依人來學法。

理解為先

另一類的隨法行，多以知性的理解為先。理解佛法的觀念、道理，但純粹的理性，會變成只是一種知識、學問，和自己的生命沒有產生真正的連結。比如說，僅把佛教、佛法當作學問來研究，那並不一定要信佛、學佛，神父或牧師也可以成為佛學專家。

有位知名的英國佛教學者保羅．威廉斯（Paul Williams），原來是天主教徒，後來接觸藏傳佛教，成為佛教徒，但在一、二十年後，又回復成為天主教徒，他固然寫了不少佛教專業書籍，但是佛學研究與他內在的信仰並沒有真正結合。真正的隨法行是「依法不依人」，還是要和信仰結合在一起的。

結合信仰與理解

理想的學佛是要有信仰，並具備佛法的正知正見，也就是將信仰與理解結合為一，這不一定需要飽讀很多的佛經、佛書。學佛如偏於知性，至多只能達到哲學的層次。即使是學有專精的佛教學者，如果沒有真正的信仰，將無法體驗到佛法，而對其生命有所受用。因此，修學佛法無論是以隨信行或隨法行入門，能夠兼顧知性與感性——即觀念、理解與信仰、體驗並重，是最為理想的。

隨法行就像遠行他方，先有了地圖，再依路途的方向前去，到達目的地可能比較快一些；但如果只看地圖或欣賞地標而不親自動身前往的話，那還不如隨信行。隨信行，一開始雖未能見到地標或地圖的全貌，然而因為值得一去，邊走邊學、邊問，也就步步向前，漸漸地看到路途的方向了。

以我個人來講，也是從隨信行而入，這也是多數人走的路。最初是隨信行，而漸漸地深入理解，最後也能做到隨法行，一開始就能夠真正隨法行的人，其實是相對的少數。然而，無論是從哪一種方式入門，最終都需要解行並重、福慧雙修，修行才能真正圓滿。

生活好修行

所謂的「修行」不一定在禪堂裡面才算，不管是動還是靜，日常生活都能活用觀四念住的身、受、心與法的話，就已經在修行了。

「觀身」的方法很簡單，隨時都能清楚知道自己的身體在哪裡，以及身體的動作在做什麼。「觀受」的要領也不難，只要清楚明白身體的感覺、感受就好。至於「觀心」，能夠時刻清楚當下的心念是什麼，即是在觀心。「觀法」則是觀佛法的無常、無我、空。如細心地觀身、觀受、觀心，很容易觀察到諸法的無常、無我、空，所以非常容易運用在日常生活。

不管南傳佛教或者藏傳佛教，都非常強調靜態的修定工夫。早期我們曾與泰國法身寺相互派遣僧眾交流學習，他們和傳統的南傳佛教有些不同，很重視僧眾的現代化教育，但還是非常強調修定，我也參加過他們在清邁道場為期一、兩個月的靜態禪修。藏傳佛教很重視長期閉關的工夫，漢傳禪法的特色則重於日常生活中的修行，如長蘆宗賾禪師的〈坐禪儀〉所說「身心一如，動靜無間」。《六祖壇經》甚至說：「道由心悟，豈在坐也？」因此，漢傳禪法不重於深定，強調的是定慧一體的生活妙用。

現在觀

法鼓山的初級禪訓班課程中，都會介紹「現在觀」。我們無論在任何時候，對於自己當下的身心狀況都能清清楚楚，並對當下的環境有什麼樣的反應，也都明明白白，這樣就是已經在用現在觀的方法了。當事情處理完之後就馬上放下，再把本參話頭，或者默照、念佛等方法提起來。能夠如此，我們就是隨時隨地在修行。通常在比較單純的行住坐臥、語默動靜的生活中，仍然可以輕鬆地把方法提起來。其實，任何時候都可以直接使用現在觀，比如勞動、做務時，清清楚楚地知道自己當下的工作，只要心不攀緣外在的境界，不思索過去的人、事、物，日常生活便能時時刻刻都不離修行。能夠如此體會的話，我們會常常感到如意、自在、歡喜。

直觀心性

四念住的「觀心」是觀察心念是什麼。常人的心念非常微細，並不斷地向外攀緣。有時候做早晚課的誦經、持咒速度相當快速，可是課誦以外的念頭仍然在起起伏伏。如果用心觀察心念的話，便能體會到心的無常性，此即「觀心無常」。「觀法」則是指觀法的「無我」，也就是「空」。《大乘起信論》說「心生種種法生」。因此，漢傳禪法重於直觀心性——即心的本性、自性，也就是清淨的佛性，又稱為無心。《六祖壇經》的〈無相頌〉說：「菩提本自性，起心即是妄。」《地藏經》說：「南閻浮提眾生，舉止動念，無不是業，無不是罪。」心中產生任何的念頭都是有心，即使是禪定中的念頭不動，也還是有心，這都不是真正的清淨心。此外，也可以用參話頭的方法。話頭能夠掃除一切心中的妄念、雜念，從而達成無心，而看到清淨的自心、本性。

定課安心

修行重於日常的工夫，安排個人定課或參加定期的共修活動對日常生活的調心、安心有很大的幫助。無論選擇固定拜一種懺、誦一部經都很好，重點是要持之以恆，成為自己的定課。不管自修或共修，如有固定的時間及場所則更佳。當然，可選定一種與自己相應的佛號或持咒的方法，隨時來安定自己的身心。我個人在日本多年的留學期間，經常在每天早上課誦一卷〈普門品〉，感到非常受用。

在日常生活當中，如需要應對進退的人、事、物比較複雜，可以直接用現在觀的方法，隨時把心安在當下。如果是正從事勞動類的單純工作，或在完成工作後，仍然可以把本參話頭或念佛等方法提起來。漢傳禪法的妙用，即是日常生活中，隨時隨地都能修行。

對治妄念有方法

〈梵網經菩薩戒序〉說：「人命無常，過於山水。」從高山上所流下的水是非常快速的，從我們不算很高的法鼓山上，仍然可看到兩旁溪水湍急的流速。這句話的用意是提醒我們：生命無常迅速的現象，比高山流水的速度不知道要快多少倍。換句話說，生命終點和我們的距離是近在咫尺，並不是非常遙遠的事。

但念無常

晚課時都會唱念〈普賢警眾偈〉：「是日已過，命亦隨減，如少水魚，斯有何樂，大眾當勤精進，如救頭燃，但念無常，慎勿放逸。」偈文提醒我們要珍惜修行時光。一般用方法的次第，是用正念對治妄念，但最後連正念也要放下，才是真正的修行。用功修行如同和千軍萬馬的煩惱作戰，所以要珍惜生命，精進修行。

對治妄念

有句話說「知己知彼，百戰百勝」，修行有時候會感到妄念很多，不易克制。聖嚴師父告訴我們，可以用歸類的方式來減少、減輕妄念，正如在作戰前要蒐集、分析敵情一樣，先了解自己心中經常出現的是哪些念頭，就容易用合適的方法來對治它。通常可以透過懺悔、禮拜、誦經、持咒等方式，來弱化妄念的力量。

修行話頭、默照等高階禪法，可以幫助我們開悟。然而妄念很多的話，採用高階的方法，其實並不容易得力，故要從減少妄念開始。經常出現的妄念，經過歸類之後，我們對它的警覺心就會增強，比如說：「啊！這是貪念！我知道了！」修行要先對治比較粗顯的妄念，因這類妄念相對容易克服，就像在戰場作戰一樣，有時候只要用很簡單的武器，就能夠制伏容易被看到的敵人。

當粗顯的妄念被克制後，對治細微的妄念也會比較有信心。當我們有了基礎的修道信心後，就不會對修行感到疲憊、無奈，也不會出現懈怠或放棄等消極的態度。修行將能如細水長流般，保持不斷精進並持之以恆。

真假人生

煩惱的根本，源自對內在自我中心的執著。從對生命存在的執著，因而產生對身體的執著，從而開展出對財產、對物質、對名利的種種外在追求，這是一般人追求實現人生理想的目標。

然而，無論再如何執著不放，有生命的現象，就必有生、老、病、死的過程，不可能永恆存在。這不僅是人類，任何有生命的動物都類同，這就是無常的真理。

苦與樂

記得大學時代，所聽聞到的佛教，多半是消極悲觀的一類，而當參加基督教的校園團契聚會時，反能感受到一股歡樂的氣氛。直到後來發現《聖經》的不究竟，而看到林世敏老師寫的《佛教的精神與特色》後，才真正認識到佛法，而轉向佛教。佛法說人生是苦，要我們「觀受是苦」。其實佛法說的苦，不是苦、樂相對的苦，而是看不清楚人生的真相，而以苦為樂、苦中作樂，從而深陷苦海不能自拔，這才是真正的苦。苦的根本原因是無常，事事物物經常都在變化，你無法抓取一個具體不變的東西，所以它帶來的結果一定是苦的。現實生活中也有相對的苦與樂，比如我們不能說吃冰淇淋是苦的，因為冰淇淋吃起來明明是甜的，不能違背現實經驗硬說是苦的。佛法所謂的苦，是來自變化無常，我們這一餐吃飽了，下一餐還要繼續吃，不可能吃飽這一餐，從此不需要再吃飯了。這是從「觀受是苦」而體驗無常，從而看清世間、人生的真相。

常與變

心念的變化，是最微細的無常。我們的念頭，隨時隨地在生、住、異、滅。一個念頭在產生、消滅之後，隨即產生下一個念頭，變化速度非常快，佛法稱為剎那變化。但是一般人難以覺察念頭變化的歷程，透過禪修，則可以看清楚念頭經常處在變化之中，而啟發一種內省、觀照力。知道有不好的念頭產生，比如與貪欲相應的念頭時，我們可以修正它、減少它。生活上的基本需要可以有，如純粹只是想要，則不一定必要，多餘的欲望，常會帶來困擾。故常言「少欲離苦，知足常樂」。

常常「觀心無常」，知道自己的心念隨時都在變化，一旦具有觀照無常的能力時，就可以駕馭、掌握自己的心，才會帶來真正的幸福。如果我們的心經常流浪在外，將遍嘗風雨飄搖，迷失人生的方向與目標。其實，平安幸福在自心中，能夠找到心靈真正的歸處，才最安全、最幸福。

真與假

眾生都執著有一個永恆不變的「我」，《金剛經》卻說：「無我相、無人相、無眾生相、無壽者相。」三法印稱此為「觀法無我」。無我不是什麼都沒有，而是無「真我」——沒有一個真正不變的自我；至於暫時存在的會變化的我，則是「假我」。人生當「假戲真做」，珍惜這個假我，並運用這個假我來自利利人。聖嚴師父鼓勵我們：「你家有事，他家有事，我家沒事。」因為沒有「真我」，所以「我家沒事」；當「你家有事，他家有事」的時候，可以運用這個「假我」來幫他人的忙，這就是隨時隨地在修福修慧了。

觀第一念

繼程法師在《禪觀修學指引——漢傳禪修次第表解》這本書的總表提及，修觀有三種觀法：理觀、事觀、現觀。其中的現觀也有三種：觀「念頭生滅、聲音生滅、出入息生滅」，特別是觀念頭生滅，是非常直接的方法。〈永嘉證道歌〉提及：「損法財，滅功德，莫不由斯心意識。」一般的修持，特別是念佛道場的修行，也常會搭配兩句警語：「打得念頭死，許汝法身活。」

《圓覺經．清淨慧菩薩章》說：「居一切時不起妄念，於諸妄心亦不息滅，住妄想境不加了知，於無了知不辨真實。」「居一切時不起妄念」是已經體會到無心、無念的悟境，即使無法很快做到「居一切時不起妄念」，仍可以退而求其次，做到第二個層次的「於諸妄心亦不息滅」。

把心放在當下一念

「於諸妄心亦不息滅」，就是我們清楚知道有妄心、念頭在起起滅滅；當知道有妄念時，妄念就已經不在了，不需再起第二念去滅掉前一念，這是直觀念頭生滅的方法。這樣的直觀方法，就是隨時把心放在現在、當下的一念上。

從唯識上來說，當眼識、耳識、鼻識、舌識、身識的前五識產生時，必定會有第六意識同時俱起，此時的第六意識又稱「五俱意識」，這就像有五個門都通向同一個房間的道理一樣。這五俱意識其實是第六意識的第一念，清楚知道當下色、聲、香、味、觸的現前境，又稱為「明了意識」。例如吃飯的時候，清清楚楚地知道自己是在吃飯，知道飯的味道，清楚吃飯的動作，但是不加以分別、判斷，吃完飯就放下，不去攀緣思惟剛剛吃飯的事，也不去回味飯菜的味道，隨時保持在第一念的當下，不起第二念的分別心，事實上，這就是直觀方法的運用——不給名字、不加形容、不做比較。

隨時隨地保持在我們五俱意識的現前境當下很容易達成身心統一，就算在動態的日常生活中，也隨時隨地可以練習統一心。當修行統一心的狀態穩定後，能進一步用禪法將統一心破除，就可達到悟境現前。

念佛取代所有的妄念

由於第六意識的慣性、習性，使我們很容易起第二念的分別心，經常維持在第一念，修行還是要有點工夫才做得到。如果感到這方法不容易用上力，念佛的方法也很好用；任何人都可以念佛，隨時隨地都可以念佛。從禪修來說，這也是一種取代的方法。

以念佛的這一念取代所有的妄想，比如我們吃飯的時候，沒辦法完全用直觀的方法吃飯，那就用念佛方法。吃飯的時候同樣可以念佛，念佛可以配合吃飯的動作，或只要輕鬆地念佛即可，不去管動作，雖然專心程度沒有精進的念佛修行那麼高，但仍然可以清楚知道自己的心不在妄想上。事實上，念佛也是禪修方法的一種。

無論使用的是哪一種方法，最重要的還是要提起精進用功的心。

無住生心

早期的農禪寺，一進入三門的「入慈悲門」，就可看見遮住水池的照壁上寫著「應無所住而生其心」，這句話又常被略稱為「無住生心」。從《六祖壇經》可以得知，六祖惠能大師在聽聞旁人持誦《金剛經》時，一聽到「應無所住而生其心」這句話就開悟了。後來，他到五祖弘忍門下修行，當五祖為他講《金剛經》時，又再次聽到「應無所住而生其心」這句話，因而生起更深的悟境。

應無所住

《金剛經》「應無所住而生其心」的「應無所住」，是要我們不要住於色、聲、香、味、觸、法等的六塵境界，這樣的心才是清淨的心，因為於法實無所得。有住就是有所得，有所得就會有所失。我們常看到新聞報導奧運國手在比賽時，放下或看淡得失心而全力以赴，因而獲得傑出的優勝。我常做一個比喻，我們的心當如磅秤般，隨時歸零，才能提放自在。小時候看到柑仔店做買賣的磅秤，當什物被過稱之後，就可以拿下來，磅秤又可以繼續稱下一個顧客要買的物品。同理，我們做過任何事之後，將心隨時歸零，就不會累積成心理壓力，而造成身心的彈性疲乏。

而生其心

「而生其心」是生起慈悲心和智慧心，勸勉我們心雖無所住，仍然要勤做布施等利益眾生的事，行布施而不住於相，稱為「無住相布施」，這樣的福德將大到不可思議。「應無所住而生其心」不僅教我們要放下自己，並要盡自己所能，幫助更多的人，讓大家都能夠平安、健康、快樂、幸福。

簡而言之，「應無所住」是放下自己，「而生其心」則是利益他人。

我非自有過

《六祖壇經》的〈無相頌〉云：「若見他人非，自非卻是左，他非我不非，我非自有過。」看到別人有問題，其實是自己有問題；修行人看到周圍的人、事、物、環境有問題時，首先要反省的是自己。如果自己沒有問題，那麼看到的環境應該不會有問題。所以應該先要反省自己，發現自己有問題時，則要起慚愧、懺悔心，趕快彌補並承擔責任，這不但能幫助自己成長，並能夠感動、影響他人，故慚愧、懺悔是自利利他的行為。

放下自己比較屬於內在的修為，聖嚴師父在《帶著禪心去上班——聖嚴法師的禪式工作學》一書中，勉勵大家：「懂得『把煩惱消歸自心』，最好是自己就能解決自己的煩惱和問題。」就因緣法來講，產生煩惱的主因還是自己，外境是其次的因素。主因是由於我們執著有一個不變的「我」——即自我中心執著的存在，這才是最根本的煩惱，除煩惱當連根拔起才究竟。

無事一身輕

唐朝的德山宣鑒禪師曾說：「汝但無事於心，無心於事，則虛而靈，空而妙。」我們可以依此練習「無事於心，無心於事」。所謂「無事於心」，是我們的心不要受外境所影響。比如說，全世界每天都有許多新聞報導，有些事要關心，但不需要擔心，事實上真正需要我們去處理的事非常有限，因此可以練習不受干擾。「無心於事」，則是我們的心不要攀緣過去或未來，而是時時刻刻把心放在現在，甚至連現在也放下。

無事於心

「無心於事」是更內在的修為，「無事於心」則比較容易做得到。例如現代資訊傳播迅速，幾乎每天都可以看到種種令人不安的天災、人禍報導，比如地域衝突、紛爭，歷史學家告訴我們，人類自有文字記載以來，世界上或大或小的戰爭，從未停止過。我們可以祈願戰爭早日止息，恢復世界和平，卻不必整天陷於紛雜的媒體資訊，費時瀏覽內容，徒增自己的困惑與煩惱。不如將時間用來安定自己的心，並影響他人、社會。只要人心安定，自會帶來環境的安定；人心不安，則會造成社會的不安。

假如不安的事已經發生，可以運用聖嚴師父的「四它」來面對它、接受它、處理它、放下它。個人的身心與整體的大環境是相互為依、互相影響的。對於大環境乃至全世界的問題，我們能夠處理的非常有限，最重要的還是從自己做起，善用佛法、禪法來安定自己的身心，然後安定家庭，乃至職場工作上的人與事。改變世界，先要從改變自己做起，從自己能力所及的範圍著手，這才是務實的作法。

有句話說：「人生不滿百，常懷千歲憂。」人們大部分的煩惱，其實都是自己找來的。因此，在禪修期間，禪堂會代為保管手機，並希望大家把禪堂以外的事全都放下，這樣才能夠用上方法，達到「無事於心」。

無心於事

真正的「無心於事」需要有一點工夫才做得到。我們的心念從出生到死亡那一刻，從時間上來看，大部分都在攀緣過去或幻想未來，真正安住於現在的時刻不多；從空間上來看，大半都在攀緣外在的人、事、物境界，真正向內省察的時機非常有限。初機禪修者可先從「有心於事」做起，讓心有所住，修行才能夠漸漸得力。

「有心於事」是讓我們的心專注於禪修的「事」。人在散亂心的時候，心事非常雜多；而在專心的時候，心事則會減少；當練習到達統一心時，就只剩下方法這一事，甚至失去方法，而能抵達一心一事的階段已經相當不容易了，可以感受到「無事一身輕」的受用，但還是有心也有事，必須用禪法將統一心也放下，才能真正臻至「無心於事」的境界。

吃飯禪

我們在日常生活當中，能經常運用佛法的觀念和禪修的方法，就可以隨時隨地感覺到修行的受用，面對任何狀況都能保持安定，自然能身心平安，而不會慌張失措。默照禪便是非常實用的生活禪法，可以幫助我們安頓身心。

從小生長在鄉下，日常生活最耳熟能詳的問候語是：「哩呷飽沒？」意思是：「你吃飽了沒有？」俗話說「呷飯皇帝大」，這句話相當於「民以食為天」的意思，「吃飯」是庶民生活的第一大事。在此，以日常生活中的吃飯、用餐為例，來說明、引導默照禪的生活運用。

觀全身：清楚動作、感受

觀全身，包括觀身及觀受。比如說正在用早齋時，知道自己身體是坐在椅子上，手正在夾飯菜，很清楚手的動作與過程，從用筷子夾起飯菜，到送到口中咀嚼，對自己身體的每一個動作都清清楚楚，這就是在「觀身」。用齋的時候，吃飯有飯的味道，吃菜有菜的味道，飯經過咀嚼之後，和唾液混合後會有一些甜味產生，對於菜可能是酸的、甜的、辣的，都是了了分明。食物嚼細成糊狀之後，吞咽下去經過食道，最後到胃腸，經過食道時有食道的觸感，送到胃腸時也有胃腸的觸感。吃飯前，先知道肚子是餓的，然後一口飯、一口菜慢慢地吃，漸漸地會有飽足的感覺，當清清楚楚感到適當飽足的時候，這一餐就吃飽了，這是「觀受」。

觀全境：物我不對立

其次要對境起觀，我們吃飯時的境不只是食物而已。用餐的環境、狀況，都沒有離開我們當下的身心。觀身體坐在椅子上，食物放在桌子上，以及眼睛可以看到的齋堂範圍成一個整體，這即是觀全境。進一步，觀想眼前食物，從栽培、採收，到烹調、上桌等過程——當思物力維艱，來處不易，「計功多少，量彼來處」，

「忖己德行，全缺應供」，而起感恩心和報恩心。

觀內外無限：心外無有物

食物是外四大，身體是內四大，觀內外是一體而起平等心。地、水、火、風的四大成分，身體和整個大自然，乃至全宇宙皆無二無別，這是從身到境的內外無限。進而觀心理、念頭層面的內外無限。有些飯菜感到比較好吃，有些菜可能不喜歡吃，對於好吃的，不會產生貪心而「防心離過，貪等為宗」。吃飯時，可能會有其他的念頭在動，甚至還會想到吃飯以外的事，察覺到時就放下，知道這是妄念，即刻回到正在吃飯時的內外一體觀。

其實，念頭的變化非常快速，平常很不容易知道心念的起伏。就我個人來說，平常因喜歡念佛，如果沒有特別的事，就時時刻刻繫念著觀音菩薩聖號，這是幾十年來的習慣，非常地受用。因此，平常有念佛習慣的人，吃飯時不妨輕鬆地提起佛號。念佛純熟的人，假如出現佛號以外念頭的話，便很容易察覺到。當然，也可以不念佛，而直接用默照的觀內外無限，對自己念頭的起伏變化清清楚楚。進而知道眼前的食物、環境都不離自己當下的心念，了悟《大乘莊嚴經論》所說的「心外無有物」，這即是「觀內外無限」。

絕觀默照：不吃一粒米

默照的吃飯禪，最後一種是「不吃一粒米」，這是絕觀默照的層次。所謂「不吃一粒米」即是觀所吃的飯非真飯。如果飯是真的，我們應該會吃不下，縱然能吃下去，也無法消化。因為飯非真飯，所以才可以吃、可以被消化，而提供身體所需的養分。雖然非吃真飯，但吃飯是有功用的，是「正事良藥，為療形枯」。其實所謂的吃飽，也不是真的飽，如果真飽，應該吃了這一頓，從此之後不用再吃飯了。事實上，這一餐吃飽了，下一餐還得要吃，今天吃了，明天還要繼續吃，天天要吃飯是「為成道業，應受此食」。百丈禪師不是說過「終日吃飯不道飽」嗎？常言「學無止境」，更何況是修行？百丈禪師的話，是勉勵我們修行要不斷精進再精進。

此外，有人問黃檗希運禪師：「如何做到不落階級？」希運禪師答：「終日吃飯，未曾咬著一粒米。」禪師是勉勵我們要以無執著心、無所得心來吃飯。再舉希運禪師的另個例子，唐宣宗為沙彌，看到希運禪師在佛殿禮佛，就說：「不著佛求，不著法求，不著眾求，長老禮拜，當何所求？」禪師說：「不著佛求，不著法求，不著眾求，常禮如是事。」禮佛無所得，這是無相禮拜的修行方法。以無所執、無所得心來吃飯，可以說是吃飯禪的最高境界了。

反求諸己

反求諸己是一種人生修養與美德，但在個人主義高漲的現代社會，並不容易做得到。一般人發生問題時，很容易歸咎他人，而忘了反省自己，錯過了提昇自我的機會。

慚愧看自己，感恩看世界

聖嚴師父曾說：「用慚愧心看自己，用感恩心看世界。」這句話是「反求諸己」的最佳現代詮釋，如果能抱持這樣的謙虛態度為人處世，相信能廣結善緣而處處受人歡迎。在法鼓山的榮董會全球悅眾聯席會議中，我便以師父的這兩句話與大家共勉。比如到目前為止，大家稱呼我為「法師」及「方丈」的比例各約五成，而無論是哪一種稱謂，我都會以感恩心、懺愧心來接受。當被菩薩稱我為「法師」

時，心懷感恩是能提醒自己，雖然有時候事務較為繁忙，仍要善盡做為法師的本分，比如上殿、過堂等日常作息也是修行的功課；如果不參與，就不能和僧團一起隨眾生活。

事實上，能夠把「法師」做好，就也一定能夠做好方丈，所以方丈應是任何一位僧眾都可以擔當的工作。聖嚴師父認定自己一生的志向只有一個，就是做好和尚的本分，並勉勵出家弟子做為宗教師，當以「責任有輕重，職務無尊卑」來奉獻服務。我既然擔任方丈，就要善盡方丈的職責，因此當我被稱為「方丈」時，會感謝菩薩提醒我，要自我檢討、改進，是否已盡了做為方丈的職責，並感恩團體給我這個服務的機會，讓我能夠修福修慧，但我仍自知是「無牛駛馬」，還需要多多努力學習，因而也以慚愧心來接受方丈的稱呼。

悟出本來面目

有關於職稱的故事，讓我感受最深刻的是溈山靈祐禪師的叫喚「院主」公案。

院主是古代寺院的部門負責人，早期農禪寺也曾設過院主的執事。有一天，溈山靈祐在寺中呼叫：「院主！」負責院主執事的僧人一聽到呼喚便馬上過來，結果溈山靈祐卻對他說：「我呼喚的是『院主』，你過來做什麼？」溈山禪師這樣說是為了勘驗他的工夫，可惜當時的院主尚未契入禪機，所以無言以對。「院主」只是一個名稱、符號，並不是院主真正的「本來面目」。這個公案至少給我們三個啟發：1.在人生的旅途中，無論在各種場合、因緣，都應克盡當下的本分、職責。2.再好的聲名或成就，都應該隨時放下，因為這些都非「本分事」。3.當時機成熟或得善知識的開導因緣，就能如「院主」公案一樣，悟出人人內在的本來面目。

溈山靈祐禪師的「院主」公案，可稱為「反求諸己」；依此再舉出宰相裴休的悟道因緣，就更加容易契入公案之意涵。

裴休在唐宣宗時擔任宰相，也是畢生認真參禪、護法的大居士，後來也度了他的一個兒子出家。他有一次到大安寺參訪，當時黃檗希運禪師正好在這裡領執清修，由於禪師一直隨眾從事勞動工作，所以沒有人知道他是個悟道的大修行人。

裴休看到寺中的祖師畫像，就問該寺僧人說：「畫像畫得非常好，但這位高僧現在人在哪裡呢？」

眼看著沒有人答得出來，裴休便問：「寺中有禪僧嗎？」有位僧人答說：「有個從外面來掛單的行腳僧，看他的相貌有點像禪修的人。」

大家連忙請希運禪師來到裴休面前，裴休又重複問了一次問題：「高僧的畫像在這裡，那高僧人在哪裡？」

希運禪師提高了聲量，大喊一聲：「裴休！」裴休應聲後，希運禪師反問：「在什麼處？」

希運禪師的提點，讓裴休如獲至寶，頓悟禪機，不禁說：「大禪師您真是我的大善知識，開示切中要害，非常感謝！像您這樣大修行人怎麼只做些掃地、灑水的工作？」以此因緣，裴休請希運禪師出來弘揚大法，寺眾對此都感到很不可思議。

希運禪師對裴休直呼其名，帶給他很大的震撼，當時他應該有類似參「父母未生前的本來面目是誰？」或「拖死屍是誰？」的疑情、疑團。當裴休問：「高僧的畫像在這裡，那高僧人在哪裡？」這樣的疑情是「向他」，而且時空上有點遠，黃檗禪師把他的疑情拉回「向自」與「當下」的時空，讓他反求諸己：「你要問高僧在哪裡？不如問問你自己。」希運禪師知道他有用功修行，為了提點他而直呼其名。像裴休這樣的大官，大概只有他的父母會直呼其名，但裴休畢竟是修行人，所以當下聽了進去，把所有聲名、地位全部放下。當裴休被呼叫時，便不假思索地回答：「是！」這表示他當時參禪，應該已經進入狀況。於是，希運禪師便進一步逼拶，扣緊他原來的問題問：「裴休這個人在哪裡？」裴休因而破除了當下疑團，得到希運禪師的印可。

在日常生活裡，我們要能反求諸己，不推諉塞責，對自己該負的責任一肩承擔，並養成自我反省的習慣；在修行用功時，更是不能心外求法，應當反求諸己，方能真正悟見本來面目。

煩惱消歸自心

記得大學時代流行過《少年維特的煩惱》的小說，敘述主角維特徘徊在感性與理性之間的煩惱，當時得到了不少人的共鳴。感性與理性所撞擊出的火花，確實是藝術創作的好題材，但若呈現在真實的生活中時，卻會成為一大煩惱。相信多數人的現實生活中，會盡量避免讓人感到「不近人情」或「不夠理性」的事例，發生在自己身上。感性與理性調和並均衡發展的議題，也受到當代教育場域的重視。

從佛法的角度來看，煩惱常起因於感性與理性的衝突。感性基本上來自對身體五官的感覺，理性則與心念的活動關係密切。記得早期在農禪寺輪流擔任副廚執事，有一次在料理早餐時，不小心切到手指，但當時並不馬上感到疼痛，而是看到、知道切到了在先，感覺到痛在後。《八識規矩頌》說「五識同依淨色根」，是說我們對五官的感覺、知覺都要靠神經的傳導；又說「動身發語獨為最」，所謂「獨為最」，是指要發動身體、語言行為，以第六意識的力用最強。如將人的身心行為比喻為一家公司，心是第六識，等同為公司的老闆；身則是前五識，是公司的五位員工。所謂「擒賊先擒王」，自己的心才是煩惱的根源，想要根治、化解煩惱，最徹底的是將煩惱消歸自心。

煩惱消歸自心，有四個層次：除妄淨心、順逆轉心、直觀一心與本來無心。

除妄淨心

「除妄淨心」的「妄」字，是指妄想心、煩惱心。通常粗重的煩惱是來自於比較細微的煩惱，產生細微煩惱的時候，可能並不覺得有什麼身心上的異常，但是當細微煩惱轉成粗重時，就會造成情緒和身體上的明顯不舒服。因此，時常向內心觀照是很重要的事。就像用過餐後，如果不及時將餐具清理乾淨，螞蟻、蟑螂就會聞香而來，讓人頭疼。修行也是一樣，小煩惱不處理，會累積成為大煩惱，心事就會愈來愈多、愈來愈重。就像生活空間，經常保持乾淨，就不會引蟲入室。

我們的身體就像是一間房間的外表，心則是內部的空間。一般房子老舊了，就需要定期維修，房子內部也是需要經常打掃整潔。當煩惱生起時，如果能即時清理煩惱，便能除妄境而安自心，保持心靈空間的清爽、寧靜，進而將煩惱消歸自心。當心不安時，可以試著念佛、持咒、數息，乃至誦念、禮懺，這類方法都有除妄淨心的功能。假如妄念多到什麼用方法都用不上力，可以將妄念分類、標示，這是聖嚴師父在早期禪修時所教導的有用方法。舉例來說，當妄念出現時，可將妄念分類為「這是貪字一號，這是瞋字二號……」，那妄念漸漸地就減少，有不少人覺得這個方法相當有效。

順逆轉心

「順逆轉心」的「轉」字，是指轉換、轉化。無論遇到的是順境或逆境，都需要轉換心態、心念，轉順逆心為平常心，即是禪宗祖師所說的「平常心是道」。能夠如此，在飛黃騰達時，不會得意忘形；在大起大落時，也不致灰心喪志。常言「勝不驕，敗不餒」、「塞翁失馬，焉知非福」，逆境常成為人生成長、甚至超越的契機。因此，我們要學習：「山不轉路轉，路不轉人轉，人不轉心轉。」面對逆境，要正面解讀；處於順境，則要逆向思考。所謂「謙受益，滿招損」，成熟的稻穗會自動低頭。登上頂峰之後，必然要走向下坡。

青年總裁協會（Young President’s Organization，簡稱 YPO）數十位事業有成的社會菁英前來法鼓山參加一日禪修，我因看到《天下》雜誌關於此協會的一篇報導標題是「青年總裁協會 YPO：希望高處仍然有溫暖」，而聯想到「高處不勝寒」這句話，因而勉勵大家，要以責任有輕重，職務無高下來領眾、處眾。站在山頂峰時，可以看得更遠、更廣；而且高處的空氣清新，會讓頭腦更清楚、清醒，但要避免失溫著涼。《法華經》鼓勵我們要學佛穿一種衣服——柔和忍辱衣，意思是要以柔和、忍辱心做為衣服，則在任何情況下，都可以保持人生處世的溫度，不因境界的寒風，而生病起煩惱。

直觀一心

眼、耳、鼻、舌、身、意等六根門是煩惱的生起處，其實煩惱無不源於我們對人、事、物、境的種種是非分別，如〈信心銘〉所說：「纔有是非，紛然失心。」聖嚴師父教我們用直觀——遇到任何境界時，不給名字、不加形容、不做比較，煩惱自然不起。

記得早期禪修時，師父會帶大家到農禪寺外殿前的庭院，看花草、看樹葉等，練習直觀的方法，現在法鼓山上禪堂附近，便有一處名為直觀平台。直觀和現在觀都很好用，但直觀更為簡單、直接，我們絕大部分的煩惱都和過去、未來綁在一起。《金剛經》說：「過去心不可得，現在心不可得，未來心不可得。」如果過、現、未三心皆不可得不易做到，能將念頭住於現在的一心，煩惱一定能減少很多。此外，因身體不健康而起煩惱，也是常有的事，〈永嘉證道歌〉說：「作在心殃在身，不須冤訴更尤人。」因為身體是過去所作，而現在所得，若是能以現在心、以四它的精神來面對、接受、處理、放下身體的狀況，可以消除很多不必要的煩惱。

本來無心

法鼓山大殿正門上方掛有「本來面目」匾額，是由聖嚴師父所親題，意指每個人都有一個沒有生死煩惱的本來面目，以此提醒來訪者要早日領悟，既入寶山，不要空手而回。

禪法的調心與修證過程，可分為散亂心、集中心、統一心與無心四個階次。「本來面目」即是最後的「無心」層次，本來無心可安、無心可得，所以我稱它為「本來無心」。本來面目是不會有煩惱的，有煩惱就一定離開了本來面目。有位政府局長來參訪法鼓山園區時，對整個園區景觀及環境整潔讚歎有加。我因而介紹說，聖嚴師父對於建築和景觀的理念是「本來面目」，希望能如同地上長出來的一樣，所以園區不放置垃圾筒，而來參訪的人也自然不會製造垃圾。

師父曾勉勵我們要學做「無底的垃圾桶」，便能時時化解問題，不生煩惱。相信有不少人出國坐飛機時，遇過機上有嬰兒哭叫不停的情況，大部分人不會因此而生煩惱，因為知道嬰兒哭叫過一陣後，一定會恢復平靜。我們可由此觀想：起煩惱時，自己就是嬰兒，需要自我檢討。如果別人也像啼哭的嬰兒干擾你時，要提醒自己不要因此起煩惱。六祖惠能大師初到廣州法性寺，見到兩位僧人爭執不下是風動或幡動，他提點是「仁者心動」。風動、幡動代表是與非。如果能向內看我們無心的本來面目，那在遇到任何境界時，就不會心隨境轉，而境隨心轉。

如果我們能做到煩惱消歸自心，任何時候都能向內觀照心念的活動，便能減少身、口、意的煩惱；而少煩少惱的人，也一定能夠幫助他人少煩少惱，這就是福慧雙修了。

生活禪機

現代工商業社會的生活遠比過去農耕時代便利很多，可是生活步調卻更加忙碌，壓力也更大。人類的科技文明不斷地發展、進步，但我們是否變得更快樂？我們努力工作、賺錢、養家，是為自己、為家庭，也為社會盡一份責任，但究竟人生的意義、生命的價值何在？

心中的無形手機

五十年前，手機、電腦、網路等3C產品尚未問世，我還記得十來歲的時候，到鄰居家看黑白電視的節目，大家搶著看。現在則是連電視都可以不買了，人手一機，隨時都可以滑手機看影片。俗語說「秀才不出門，能知天下事」；現在可改稱「一機在手，無所不知」。參加禪修營時，我們可以暫時與外界隔絕，享受與自己獨處的時光。過程中盡量放鬆身心，無論是在禪堂禪修，或者聆聽開示，都以休閒的心態來享受、參與。禪期中，道場暫時代為保管大家手機，讓大家的心可以安靜下來，專心用功。

其實每個人的心中，都另有一支無形的手機，而且功能更為強大，儲存著這一生有記憶以來的種種資訊，也隨時在蒐集、更新資訊。禪修的方法，可以幫助管理這一支無形的手機。禪修的好處很多，從身心的平衡到精神的提昇，乃至達成智慧的開發，只要願意練習、學會方法，必將終身受用。

練習禪修，是從放鬆開始，我們平常生活的外緣很多，對於身體的感受不夠敏銳，而在放鬆之後，很容易充分觀察到身體的感覺，並進一步用方法來察覺心念的細微變化。能夠做到這一點，就已經可以感受到禪修的用處了。

頓悟禪機

禪修調心的功能是從散亂心、集中心、統一心，最後達到無心。無心並不是什麼都沒有，也不是英文的empty（空無一物），而是「應無所住而生其心」，也就是從我執、煩惱獲得解脫而得心自在，並開發出無限的慈悲心與智慧心。

從基礎的「放鬆」到最後的「放下」，過程中有一個關鍵，就是觀照、覺察，觀照的「觀」很容易用，不去分析，不是想像，也不是思考，而是直接去覺察（awareness），體驗我們的心是什麼。現代人的生活步調緊張而快速，禪修幫助身心放鬆、紓解壓力，從了解自我、成長自我，乃至放下自我而頓悟「禪機」，希望大家好好地把握禪修的機緣，盡其在我，必有所獲。

一切都是美好的

「現在觀」是具體而實用的修行方法，也是修持任何法門的共同態度。現在觀的要訣是：我們在做每一件事、每個動作的當下，都清清楚楚當下身心與環境的互動過程，當下的事情過了，就隨時放下，不再去攀緣、回憶。如此一來，就很容易攝心、安心。任何時候都知道、維持在身體的動作、感受，以及念頭的當下，心中不會有多餘的煩惱，感到非常輕鬆愉快，因此說：「現在最美好。」

活在今天

所謂「一日之計在於晨」，我們每天早上起床剛睡醒時，不論是一夜無夢、好夢或惡夢，既然起床了，昨夜以前的事就不必再管，也不必做任何回憶，清清楚楚從現在開始，就是自己今天一天的開始，從現在的起床到晚上就寢的一天之間，了了分明這是自己一天的現在。

在一天當中，也可以區分出很多的不同時段，比如說，現在正在用餐，那就一心一意地用餐，清清楚楚、輕輕鬆鬆地吃。在用餐之前，肚子是餓的，就清清楚楚肚子是餓的。當漸漸地感到飽了，就要清楚已經飽了，不用繼續再吃。吃飯的時候，除了稍加注意不適合身體的食物，不再做其他的挑剔，能夠如此，攝取的食物營養就會比較均衡。當吃紅蘿蔔的時候，清清楚楚地吃紅蘿蔔，不去想高麗菜；吃高麗菜的時候，也是明明白白地在吃高麗菜，不去想紅蘿蔔，每一個當下的「現在」都輕鬆而專注。

享受現在

沒有禪修體驗的人一聽到要專注，很容易讓身心變得緊張；而放鬆的時候，很可能心念會變得散亂，甚至胡思亂想。禪修的好處，就在於能調理緊張和散亂，讓我們的心在保持放鬆的當下，也有專注的功能。當然更細微的現在，就是我們每一念的當下都是現在，但因為攀緣心的習性很強，令初學者難以掌握，如果配合觀念的調整，就比較容易做到。日常生活中的「念頭」，事實上是我們第六意識的分別心，唯識叫作比量，意思是透過比較而產生的認識，而非原來的真相；在晚上做夢的念頭稱為非量，因為沒有事實根據。比量、非量都是過去心、過去境，不是現在心、現前境。真正的每一個當下，是將我們的心，維持在眼睛所看到的現前境、耳朵聽到聲音、鼻子聞到氣味、舌頭嘗到味道，以及身體接觸到的每一個當下，不起第二念的分別心，這是真正的現在——現量。知道這個道理，就容易把握、體驗現在的一念，享受現在的一念，減輕甚至解除妄想、雜念所帶來的負擔，放下種種不必要的困擾與麻煩。因此，聖嚴師父鼓勵我們，不論是否已經明心見性，都可以體驗四句話：「一切都是現成的，一切都是完整的，一切都是新鮮的，一切都是美好的。」

禪修三心

修學大乘禪法有三個非常重要的心法：現在一心、回初發心與輕鬆放心。「現在一心」即是現在觀，既是禪修的基本態度，也是修行的方法。「回初發心」是指隨時回到初發心，也就是菩提心。「輕鬆放心」，則具有放鬆身心及放下身心兩層意義。

現在一心

四聖諦是佛教的修行基本原理，指引我們如何息滅一切煩惱痛苦。我們此生之所以受苦，是從過去種種業力所帶來對現在、未來的影響，這已經是完成式，不可能回到過去再做改變，但是如果能從我們現在、當下的一念做改變，就可以調整過去業力所帶來的影響。以禪修的四個層次來講，從散亂心、集中心、統一心到無心，都是沿著現在觀、現在心的觀念與方法，循序漸進而來修行。

《阿彌陀經》說阿彌陀佛在極樂世界說法度眾生是「今現在說法」，不在過去說法，也不在未來說法，而是現在正在說法，這也是一種以現在心來修行乃至度眾生的經證。《金剛經》說，過去心、現在心、未來心的三心不可得，這是開悟的境界。在開悟前，以現在的一心，即以現前的一念心來用功，則是不變的原則。

回初發心

初發心就是我們每天發願的〈四弘誓願〉：「眾生無邊誓願度，煩惱無盡誓願斷，法門無量誓願學，佛道無上誓願成。」初發心即是以度眾生來成就佛道，從佛法的因緣觀可以看到，眾生與自己是不一不異的關係，所以要發起「無緣大慈，同體大悲」的大悲願心，也即是大菩提心。如果只知道無我的道理，只修無我的智慧，那是所謂「三乘共法」；菩薩不急著證入無我空慧，而以悲願心在積極地利他，這才是「大乘不共法」。因此，我們時時要提起初發心，常常回到初發心的修行原點。

輕鬆放心

輕鬆放心的「輕鬆」，是指要放鬆身心。通常面對種種境界和人、事、物的應對進退時，都很容易引起身體、心理的緊張，甚至引發情緒的反應，這唯有透過不斷地練習，才能讓我們身心校正回歸到輕鬆、放鬆的狀況。除此之外，姿勢也是很重要的，就像禪訓班所教的行、住、坐、臥皆是禪：行如風、坐如鐘、立如松、臥如弓，如果能保持良好的姿勢，就比較容易讓我們身心得到放鬆的效果。引起緊張的另外一個原因，在於日常生活中，需要配合團體的共同作息或參加開會之類的約定，而帶來時刻緊迫的壓力。因此，對時間安排不要抓得太緊或太剛剛好，要保留餘裕，盡量讓自己能夠寬鬆一點，能夠比預定的時間提早一些到，這樣就不會引起緊張。我自己的經驗是，刻意將手表調快五分鐘，這樣準備參加開會就能夠不急不徐、從容不迫，當然，每個人都有自己的方法，隨時將身心放鬆，對健康、對禪修都有莫大助益。

另外，「放心」是指放下身心，提起方法用功。禪修時，要將我們的心放在方法上，只有方法，其他的念頭都一概放下；方法是主動的，心則是被動的，也就是以方法來鍊心，不是用心去操作方法。「放心」的另一個意思是，只問耕耘，不問收穫。放下成敗與得失，以無所得心來用功，如此就容易做到大慧宗杲禪師所說的：「得力處，省無限力；省力處，得無限力。」

只要掌握「現在一心」，以及「回初發心」與「輕鬆放心」的三個禪修心法、要領，修行並非難事。

禪與藝術

藝術即美學，美學教育是近代中、西方教育場域中，重要的新項目。

佛法認為，人類生命來自四種養分——段食、觸食、思食與識食的攝取和滋養，故得以生存。其中的「段食」，即每天的基本飲食需求；「觸食」，則是透過六根的接觸與覺受，而能疏解情意、維持身心健康，乃至提昇精神生活。一般來說，觸食的感受、感情偏屬右腦，即所謂影像腦的直覺作用，與藝術、美學關係緊密。

五明方便

藝術本身也有多種形式，但都離不開六根對六境的接觸與領受。以耳根的受用而言，即是聲音的領域，音聲之美就是音樂。中國古代所謂的「六藝」，多少都與美學有關，其中的「樂」就是音樂。

佛教如何看待音樂呢？小乘佛教的態度是非樂，小乘行者以個人解脫為要，重於修深定，聲音干擾是修定者難以忍受的刺激，故有所謂「聲為定刺」的說法。大乘佛教首重慈悲，強調度眾生的方便，因此，音樂可運用於弘法，菩薩要學五明，其中的「聲明」，包含聲音、語言等，即屬於藝術、美學的範疇。

音聲之美

音樂的起源有多種說法，其中一種是來自大自然的音聲，比如中國古代有五音——宮、商、角、徵、羽的五個音階，其源頭便是模仿自然界的聲音。在西方，則在古希臘時期，便已發現了有八度（七個音階）音程；再從八度分成十二個半音的平均律，則是十六世紀末葉的事，這是透過數學的演算法，得出層次性豐富的變化旋律與和弦組合，最具代表性的是西方的古典交響樂。東方則是另一種發展路徑，比如中國、印度的傳統音樂，講求模仿自然而融入於自然，追求天人合一、與大自然合鳴的境界，這些都與地域、文化等特質有關。

文字之美

特別是源自古代中國的象形文字的漢文字，是模仿山川、草木、水流等具體而簡單的大自然外貌，以及人、事、物等形象而創造出來，漸漸地演變而擴大運用到指事、會意、形聲、轉注及假借的六書範疇，因而也能用來描述、表達各類抽象的思想或概念。

禪的原則是以簡化繁，因而受到崇尚簡約的漢文化所激賞。禪與藝術、美學關係頗為密切，也就是在複雜、變化之中能領悟到簡單、和諧與統一。比如禪者的生活環境強調簡樸、整潔，生活方式則少欲知足，這就是美的呈現。禪者也常以大自然的形象、意象來作詩陳偈表達其內心的禪境、悟境，這也是一種藝術的呈現。

親近善知識

佛法修行，有所謂預入聖流的四大要件：「親近善士，聽聞正法，如理思惟，法隨法行。」親近善知識，讓我們接觸到正信的佛法，因正信而能正知、正見、正行——正確地學佛修行。但是善知識是誰？如何尋找善知識？

為修行指點迷津

善知識的可貴與可敬，就是為我們的修行指點迷津。所謂「三分師徒，七分道友」，又說「師父領進門，修行在個人」，從歷代祖師傳說或高僧事跡中可以看到，往往在關鍵機緣受到善知識的一點提撥或一句轉語，很快就能幫助行者突破關卡。但修行還是得靠自己努力，唯有付出努力的人，才會遇到修行的關卡；如果不精進，也不會遇到難關，也會喪失進一步提昇或突破的機緣。

當我們在修行過程中遇到瓶頸時，常需要有善知識幫忙指點迷津，就像將要從蛋殼裡破殼而出的小雞一樣，本身要有向外突破的意願和用力，而母雞也適時從殼外輕輕一啄，那很快就能突破而出了。

然而重要的際遇，往往是可遇而不可求。善知識的現前與否，常常跟過去世，乃至現在世中所培植的善根福德因緣有關。我們今生所遇見的善知識，可能在往昔生中即有過深厚的因緣。比如說，聖嚴師父從小就體驗到佛法的好，因此發願要將佛法分享給更多的人受用，這便是願意成為他人善知識的一種發心、用心，或許這也成就了後來與靈源老和尚不可思議的因緣際會，在老和尚的一聲喝斥下，突破修行的關卡。

佛陀的侍者阿難是「多聞第一」的尊者，但直到佛陀入滅，阿難並沒有開悟。因為大迦葉尊者要求必須是開悟的大阿羅漢，才有資格參加佛法的結集，所以阿難被拒於門外，逼使他獨自苦修而終於悟道。阿難的勤奮多聞，幫助、貢獻了佛法的傳播，也已經具備了聞、思、修等功德，只是最後在證悟的層次，還必須完全放下過去的依賴心才行，因此在大迦葉的激勵下，才終於成就了開悟的因緣。

發願成為善知識

佛陀所證悟的緣起法，並不是他自己發明的，而只是發現而已，因為佛法本來就無處不在、無時不在。佛陀把這緣起法的道理告訴我們，接下來要不要修行，就是我們每個人自己的事了。佛教的因緣法，是本來如是，沒有另外一個宇宙的主宰。我們如果按照佛陀所說的因果、因緣法則來修行，就能開發出慈悲與智慧的寶藏。幫助自己解除生死煩惱，這是智慧的功能，發願幫助他人離苦得樂，這是慈悲的精神。

佛法的智慧有聞、思、修、證四個層次，無論從聽聞佛法開始，或是接受善知識的教導是聞慧，此後還有思惟、修行與證悟的智慧要修學。任何一個層次都需要有善知識，善知識對修行如此重要，而常常願意幫助他人，發願成為善知識的人，也最容易得到善知識的幫助。

禪與淨土

佛教起源於印度，傳播至其他地域時，為了適應當地的文化與社會環境，必然會經歷所謂本土化的過程。比如傳到中土的漢傳佛教，即是佛教與中國文化的融合體，漢文化喜好簡單與實用，因此產生了禪宗與淨土的兩大代表性宗派。

直心融境是禪

禪宗的宗教信仰色彩較為淡薄，這是受到漢文化重視現世利益，特別是儒家不談鬼神之人本精神的影響，因而禪宗也不太談過去與未來，而強調以現世、當下的修行來鍛鍊、開悟清淨的自心本性。《六祖壇經》告訴我們：「佛法在世間，不離世間覺，離世覓菩提，恰如求兔角。」聖嚴師父感嘆：「佛法這麼好，知道的人這麼少，誤解的人那麼多。」因此畢生積極弘揚佛法，透過演講開示、著書立說，並且以弘揚漢傳禪法來淨化社會人心，興辦三大教育來培養弘化人才，希望更多的人都能獲得佛法慈悲和智慧的受用。

如何以禪法來幫助自己？面對社會變遷迅速、競爭異常激烈的現代人，日常生活中充滿了緊張、壓力，禪修可幫助放鬆身心，找回安身立命之道。基礎的禪修方法，僅僅單純地體驗呼吸，就可以放鬆於現在、享受於現在。當身體放鬆之後，我們的心念，就很容易從外境收攝起來，而回到自己當下的身心，從浮動、攀緣，而慢慢轉為專注、統一，心念不再輕易受外境的影響而起伏波動。

禪法較直接，比如默照的方法也很簡單，非常好用。默照的前三層次用直觀，最後的層次是絕觀。1.觀全身：隨時隨地清楚知道自己身體狀況，隨時隨地清楚身體的感覺、感受為何。2.觀全境：自己的身心只是環境裡的一部分，因此擴大心量，整個環境都是自己。3.觀內外無限：擴大到整個環境都在地球上，地球在宇宙中。一層一層往外擴展，心量可以無限地開展。4.絕觀默照：當擴大到至大無外，把自我中心全部放下時，悟境就會先前。

擇境修心為淨土

相對於禪宗，淨土宗則重於信仰、發願，希望能往生到佛國淨土來繼續修行，成就不退轉以圓滿佛道。這就像孟母三遷的道理一樣，所在的環境沒有那麼好，就遷到較好的地方去學習。由於孟母的賢惠抉擇，也終能將自己的孩子培養成一代聖人。這是大多數人都能效法學習的方式，故說淨土為三根普被。

淨土強調以佛國的依正莊嚴來攝受眾生，這是以諸佛的願心、力行所成的清淨國土，讓根器相應的眾生前來共同修行，而究竟圓滿成佛的功德，這是淨土的意義。以現代企業做比喻，一位有心服務社會、利益大眾的創始人，率先提出企業的願景、藍圖，然後招聘認同此一願景、理念的員工，結合眾人之力，製造出好的產品來服務社會大眾。同理，諸佛菩薩共同成就安樂國土，而使嚮往追隨的眾生，前來淨土中完成不退轉位的修行，並發願還入娑婆，廣度眾生。淨土與禪的入門方法雖稍有別，但以完成菩薩道的修行來講，仍然是殊途而同歸。

我們的世界又稱為娑婆世界，意思是雖苦多樂少，但尚能勘忍、修行。然而，在釋迦牟尼佛眼中，娑婆即是淨土，眾生都是佛，因為佛已經修得悲智圓滿，故所見眾生都具如來的圓滿福慧德相。如果人人都能學習佛陀的慈悲、智慧，透過大家的共同願行，終有一日，娑婆世界也能成為淨土。

空有不二

佛教講的空，不是什麼都沒有，而是一切都存在，就是沒有我自己，廣度眾生而沒有我相、眾生相。

空即智慧

空，從哪裡來呢？從無我、無常而來。首先是觀一切現象皆無常。萬法隨時都在生而滅、滅而生的變化之中，因此稱作無常；因為無常，所以不自在，不自在故無我；因為無我，沒有一個永恆不變的自我中心存在，所以是空；因為是空，就不去執著自我中心的存在，那生命是空有不二，是自由自在的。

不過要注意的是，空，並不是完全否定變化的現象，如果完全否定，即成斷滅、頑空。空，可以祛除我們的無明煩惱，是一種不執有自我中心的智慧，而不是什麼都沒有。一般人經常誤解空是一無所有，萬法的表象皆有果從因來的因果關係，但現象的本身都是因緣無自性、空，從空間上看，即萬法沒有獨存、獨立的存在；從時間看，都是剎那、剎那在變化。

空不離無常的現象，現在的科學已有某部分可以證明，比如原子、核子、量子，或如人類身體的細胞，都是隨時隨地在改變。比如我們看到的東西，都是暫時的現象。我們能夠看到，是透過光影、顏色等種種的條件，所以眼睛才看得到，它並不是真實、不變的存在，只是暫時——非常短暫的存在。如果我們能夠理解這個道理，就可以減輕一些煩惱、減少一些執著。

有是慈悲

透過修行慈悲與智慧可以實證空。從觀念上知道因果、因緣法是智慧，有真智慧必有慈悲，再以慈悲願心來度眾生，則必能福慧雙修，從而體驗、實證空是什麼。

空，雖然是佛教最重要的智慧，但在大乘佛教，空，只是一個方便，不是目的。空，不僅讓我們沒有煩惱，它能夠產生更大的力量，來幫助、顯現一切的存在，空的智慧中必有慈悲，以慈悲心來幫助更多的人，這是更重要的意義。

從幫助自己做起

大乘佛法鼓勵我們發菩提心，關懷一切眾生。所謂的眾生，也包含我們每個人自己。因此，用佛法關懷、幫助眾生，首先要從自己實踐佛法做起。

發菩提心，是發心、發願要廣度眾生，這是從遠處、大處著眼；但下手的工夫要從小處、近處的自己做起。用佛法成長、提昇自己之後，產生影響他人的力量會更大。小處、近處的另一個意思是，實踐上要步步踏實，把握當下的因緣、條件來做。

剛接任方丈的一、兩年，到地區關懷時，常有人告訴我：「方丈啊！您的開示就像在教室對學生上課一樣。」由於我之前擔任教職長達十多年，對學生上課時，總會要求自己務必要將學理脈絡講清楚；可是現在在關懷信眾時，對象有所不同，需要多加分享佛法實例，才能讓大家聽得懂，才有關懷的效果。的確，對學生的課堂教學與對信眾的關懷分享，需求稍有不同。所幸聖嚴師父的《法鼓全集》是我的法寶，不但有事、有理，而且有不少實例，經過一番努力學習與調整，終於聽到不錯的回響：「方丈！您最近的分享有點接地氣了呢！」其實教育是為成就關懷的功能，而關懷也能達到教育的目的，兩者實是相輔相成。

美心為尚

每當錄影的時候，文宣部門和錄影公司的人，都會不約而同地提醒我：「方丈啊！您要多一些笑容。」確實，有一些上了架的影片，連我自己都不太敢點進去看，擔心表現不佳。愈是需要笑得自然，反而愈笑不出來。因此，最近在拍照的場合，當被要求要微笑時，我會說：「了解！但這是我的本來面目。」這樣坦然面對，霎時感到輕鬆自在，也就自然有了微笑。

現在醫美行業頗盛行，聽說蓬勃發展的程度，僅次於航空及汽車業。我曾數次看到公車車體的一大片廣告，都在宣傳醫美，由此可見，在意自己外貌的人應該不少。從佛法來看，與其美容、整容，不如美心、整心。所謂「相由心生」，內心改變、轉化了，相貌也會跟著改變。所謂「情人眼裡出西施」，美醜常是個人主觀的判斷，或是一時間的流行而已。有人認為自己不上相，可是從旁人來看，可能覺得你的外表還滿有特色、很具親和力；審美因人而異，並沒有一個絕對客觀的評斷標準，還是以「美心為尚」才究竟。

佛法講「一切唯心造」，內心的改變能夠影響我們的外貌。有些男性給人的第一印象並不易引人注目，但是他的性格很踏實，做事很有承擔力，願意照顧人、關懷人，相處一段時間後，大家會覺得這個人很值得信賴，愈看愈親和。有些女性或許容貌平常，但是很有同情心、同理心，懂得體諒，而處處受歡迎。

四它妙用

現代社會因講求競爭，許多人期望自己的形象、能力、財富、地位等，能從人群中脫穎而出，如果經常抱持這種計較、比較的分別心，日子一定過得辛苦。所謂「天生我才必有用」，我們可以發掘、培養並善用自己的長處，但不必講求處處跟他人做比較、競爭。

如何幫助自己成長呢？「四它」非常好用。無論遇到任何狀況，都清楚當下的處境，是「面對它」。相信處境的呈現必有其前因後果，是「接受它」。釐清哪些是能夠做的，能夠做的就去做，目前做不到的就暫時不去做，是「處理它」。只要自己盡心盡力處理就好，至於成果是否一如預期，不再罣礙，是「放下它」。比如說，我現在還可以分享一點點佛法來幫助人，既然現在還可以做到，就要盡力去做，這也是聖嚴師父所說：「盡心盡力第一，不爭你我多少。」能夠分享佛法，既自助又助人，何樂而不為呢？

關懷他人有方法

常言「當局者迷，旁觀者清」，有時候我們很希望提醒一下身邊的人，希望他人變得更好，但往往不得要領而沒有成效，甚至適得其反。我曾讀過一篇文章分享勸勉人的技巧，要提點他人的一個缺點之前，先要稱讚他的九個優點。

聖嚴師父告訴我們「多聽多看少說話」，關懷不一定要講很多話。二〇二一年花蓮發生太魯閣號列車出軌事故後，我們得知消息便趕到現場關懷，當時有位女眾菩薩哀傷得泣不成聲，我看到監院常法法師只用手腕輕輕地靠在她的背上，並沒有說什麼話，但可以感受到一種關懷的心意，已經滿滿地傳達給了對方。

從容不迫，關注對方

有位菩薩曾為我上過幾次課，主要是分享關懷和表達的技巧，內容簡單又實用。她建議在做關懷、溝通或是回答對方時，要等對方講完話後，稍等一會兒才回應，不要馬上接著就講。依據她的舞台經驗建議，當確認對方完整表達之後，先大約停頓兩、三秒鐘，再從容不迫地說出自己要講的內容。在一對一的場合裡，能表示重視對方說話的內容或問題；面對大眾的場合，如果能夠在說話前，先用眼光注視全場，甚至能左右掃描一下所有聽眾更好，而且愈是大場面，愈不要忽略最後方的人。

類似這樣的方法，也可以用在面對鏡頭或是錄影的情境，比如錄影時，常聽到工作人員數三、二、一，才進行錄影。當聽數完三、二、一之後，可以在自己心裡再默數一、二、三，然後才開始說話。

用心回答

繼程法師曾提及，二十多年前，他曾去拜訪印順長老，請教了幾個佛學思想問題，當他把問題問完之後，印順長老大約停了一分鐘之後，才做了回答。繼程法師說，印順長老在這一分鐘的時間，可能在思考如何回答，以及組織要回答的內容。

我們在回答問題時，當他人講完後，最好能稍微停一下，以表示專心、關注對方的表達，然後再用心回答，我看過BBC或CNN的正式訪談，也都用到類似的技巧，這是很實用的方法，大家不妨可以練習看看。這些方法都有助於增強表達和溝通的功能，讓對方真正感受到我們關懷的心意。

培育法門龍象

小時候有過兩個夢想，一個是成為文學家，另一個是成為哲學家。雖然這兩個夢想到現在都未實現，但如今出了幾本書，也能夠分享一點佛法，還是覺得有一些安慰，這要感恩成就今生能夠走上出家修行這一條路的眾多因緣。

二〇二四年初，法鼓山生命自覺營的感恩之夜，總護法師為行者們引導感恩禮拜，我也跟在後面一起拜。感恩的內容是早期聖嚴師父在農禪寺主持禪七時，經常引領大家感恩的內容，已經很久沒有好好地一句一句做感恩禮拜了。

佛門出龍象

點燈發願儀式之後，我分享了元月份美國華盛頓州一間佛寺法師參訪法鼓山的事，這間佛寺經常到各地監獄弘法，其中一位帶隊的法師是美國人，可能是該寺的住持，他最初學日本禪，後來追隨一行禪師學習。當天他熱誠邀請了好幾次，希望我們到美國弘法。我告訴他說，我們在北美已經有幾個道場在弘法。不料，他卻希望我們不要自私，只關懷華人。當我聽到「自私」一詞時，心裡感到很慚愧，但他希望我們有更多人到美國弘法，讓我也有被肯定的感覺，因此我們需要培養更多的龍象人才。

我勉勵自覺營的行者們說，二〇二四是龍年，舉辦營隊的目的是為培養更多佛門的未來龍象。諸位下山之後，不要忘掉自己曾經在這裡發大悲願心，多日練習做過自覺覺他的宗教師。不管未來能不能真的成為宗教師的龍象人才，都沒有關係，我們已經為大家種下成為龍象的種子，這一生或未來生終究會成為龍象人才的。小龍在小時候跟小蛇沒有什麼差別，只能在地上爬行，但是長大之後，就不一樣了。小蛇雖經過蛻皮不斷地長大，還是只能在地上爬，小龍長大後，則不只能夠下海，還能夠飛天。不但陸、海、空的眾生需要佛法，全部三界都需要龍象人才去弘揚佛法。

人間有幸福

我勉勵大家要珍惜生命，不要虛擲光陰，把握任何人生際遇的因緣，運用佛法來自利利人。新、舊曆年期間，不少年輕人會出遊或和朋友聚會，但大家卻選擇來這裡體驗出家生活營隊，沒有相當的善根與福德因緣是做不到的。在這幾天之中，每個人都已經從三寶獲得新的法身慧命，希望大家將在這幾天所學的應用到日常生活中，時時練習以佛法的智慧來幫助自己成長，並以慈悲心來關懷、成就他人。能夠這樣的話，未來無論在什麼地方、從事什麼工作，每天都可以感覺到非常幸福、常有法喜。希望大家恆常發菩提願，以行菩薩行來幫助我們人間，讓人人都平安、快樂、幸福。

感恩生命

珍惜生命，目的是為了感恩報恩；而了解到這一生的生命是來自眾多因緣所成就，就會感到生命的可貴而珍惜人身、感恩生命。

一般相信知識愈發達，文化、文明就會愈進步。如此世間的知識中，大家相信最進步的就是科學的知識。但是佛法的智慧與世間的知識不一樣，佛法的智慧超越一般世間的知識，所謂佛法，簡單地說就是因果、因緣；更深一點來講，是無常、無我，也稱為空。

知恩報恩為先

傳統的華人社會，均以家庭、家族為單位來組成，因此以慎終追遠為重要美德，千百年來，仍保有以宗祠、宗親為中心的祭祖習俗。在多數佛教寺院的法會期間，也常設有為信眾的先亡超薦或為家人祈福的牌位，這是佛教適應漢文化、融入本土社會的展現。

大乘佛法主張的「無緣大慈，同體大悲」，來自對「緣起空性」的甚深觀察，這是超越於一切宗教、種族與文化等藩籬與差別的，故《菩薩戒經》云：「一切男子是我父，一切女人是我母。」因為生命的存在，除了這一世，還有無數的過去生及未來生；拉長時空看，所謂的親人，不只是同一姓氏的宗親而已，故應學習把一切人當作親人看待。長輩當作我們自己的父母、祖父母對待，晚輩就像我們的子女一樣，平輩就像我們的兄弟姊妹一樣。如果能這樣的觀念轉化，馬上慈悲心就會生起，隨時隨地會知恩報恩。

如果人人都能知恩報恩，那家庭一定會和樂，社會必然會和諧，國際之間雖有不同的種族、宗教等差異，也一定可以和平相處。這就是聖嚴師父所說：「知恩報恩為先，利人便是利己。」「慈悲沒有敵人，智慧不起煩惱。」

珍惜生命可貴

感恩，就要報恩，為了報恩，我們要珍惜生命，不要虛擲光陰，把握每一個人生際遇的因緣來自利利人。當我們了解到一切現象都是因緣所生，就會更加珍惜難得的人身；當我們發起慈悲心來感恩報恩，將每個人都視為自己的家人來相處、對待時，那無論身在何處，都會感受到人人都是同屬於一個修行菩薩道的大家庭。

用無我的智慧來珍惜生命，以利他的慈悲來感恩報恩，我們就會感到非常平安、幸福。

順逆皆助緣

佛教是感恩報恩的宗教，從佛法因果、因緣的角度看我們所處的環境、世界，事事都值得感恩與報恩。

相信因緣果報

我們今生能夠出生為人，是一種福報，一定是過去世經常行善，所以今生能夠獲此人身。因此，首先感恩自己是有福報的。其次，所謂感恩，除了這一生有許許多多的恩人之外，往昔的多生多劫中，我們也曾經獲得許多人的幫助；即使不談過去生，就今生今世而論，我們今天還活在這世上，是受到無數人直接或間接的幫助所成就。因此，感恩報恩是佛教徒處事待人、看待世間的基本態度。

從佛教的三世因果觀來看，我們之所以擁有今生，是從過去世到現在所得到的因緣果報，佛法稱之為「業」。從現在到未來，佛法雖有消業、受報之說，亦有許願、還願的觀點。

許願、還願的意思是說，因為過去世我們曾經發願，所以這一生無論面臨順境、逆境，我們都能坦然面對、接受，以許願、還願來積極回應過去生所曾經許下的承諾。

《維摩詰經》云：「說悔先罪，而不說入於過去。」有的人一生中做了很多好事，卻發生了不好的際遇，而佛法的智慧告訴我們，只要當下轉念、發願，一切都是鍛鍊與成長的機緣。從感恩報恩的生命觀看，一切際遇都是成長的助緣。好的境遇如同順流，挫折、打擊則像逆流；能順流而行是福報；逆流而上雖較艱辛，而鍛鍊、成長的功用和力量則更強。

佛法的智慧告訴我們，只要放下自私心，就能獲得修道的利益；而無條件地幫助、成就他人，就是一位大菩薩，這就是在修行慈悲。

不見世間過

《六祖壇經》云：「若真修道人，不見世間過。」真正的修行人，不會見到世間的過失，不會看到他人的過錯。《梵網經》則說：「惡事向自己，好事與他人。」不好的事由我來承擔，好處則盡量分享給他人。

生命的目的是許願、還願，生命的價值是感恩、奉獻，這是最大的幸福。只要發願，不論身分、地位、能力，或是貧富貴賤，人人都可以奉獻，即使做很小的事，也可以利益他人。只要把觀念及心態調整過來，凡事可讓我們成長，有利於他人，那就在修福修慧。修行並非難事，有信則立、有願必成，一切都由我們的心在做主。

自助助人

現代社會由於科技與醫藥發達，生活頗為舒適、便利，各種身體疾病也大多可獲得妥善的治療，唯獨心理上的疾病不但愈來愈複雜，罹患的人也愈來愈多。

從患病治病來說，尋求醫療體系的支持很重要，但最多僅能治標，佛法能夠標本兼治而重於治本，心理疾病的深層癥結則是由於不知自我為何物，卻又執著於自我，而我執愈強，煩惱也愈重，心理影響身體，日積月累，種種身心失調與精神壓力所帶來的疾病便接踵而來，僅僅治標無法獲得究竟的平安與喜樂。面對身心困境，佛法標本兼治的功能提供我們自助助人的解方。

以禪修自助

隨時可以自助的方法，便是禪修。禪修能夠促進身心健康並提昇精神修養。

在精神修養方面，從認識自我開始，可逐漸幫助我們肯定自我，成長、提昇自我，乃至放下自我而獲得究竟的平安、自在。保健身體需要靠「動」，因此聖嚴師父說「勤勞健康最好」；促進心理健康則要能「靜」，禪修是靜心最好的方法。神秀禪師云：「身是菩提樹，心如明鏡臺，時時勤拂拭，勿使惹塵埃。」以動來照顧好菩提樹身，用靜來拂拭明鏡心臺。能夠動靜調和，很容易促進身心上的健康乃至心靈上的平安、喜樂。

以菩提心助人

善用佛法來幫助自己是自助，再分享出去，讓更多的人也來用佛法，而這就是在助人了。所謂助人，即是行善，這就在發菩提心了。助人是一帖紓解、消融自我中心的最佳良藥。為何助人很重要？因為我們每個人生活的每一天，甚至每一分鐘、每一口呼吸都得到很多因緣的扶持才得以生存在這個世界上。因此我們要以善心助人做為出發點，見到任何人都要想到如何幫助對方、利益他人。事實上，助人反而真正幫助到了我們自己；煩惱的根是我執，為了要幫助他人，我們沒有時間煩惱自己的事，也就把自己放下了，這就是智慧。而以菩提心助人，就能體驗到「行善的人快樂」。六祖惠能大師所說：「菩提本無樹，明鏡亦非臺；本來無一物，何處惹塵埃？」聖嚴師父也說：「你家有事，他家有事，我家沒事。」因為本來無一物，所以我自己沒有事。雖然自己沒事，但別人家仍有事，故要忙著處處助人，廣結善緣，廣度眾生。

以禪修來調和、鍛鍊自己的身心這是自助，而將佛法分享給他人，這已經是在發菩提心助人了；如果能進一步用禪法放下自我中心，而以眾生的心為心，那是最殊勝的菩提心了。

智慧人 56

從放鬆到放下——禪的智慧與妙用

From Relaxing to Letting Go:
The Wisdom and Wondrous Function of Chan Buddhism

著者	釋果暉
出版	法鼓文化
總監	釋果賢
總編輯	陳重光
編輯	張晴、李金瑛
封面設計	化外設計
內頁美編	小工
地址	臺北市北投區公館路186號5樓
電話	(02)2893-4646
傳真	(02)2896-0731
網址	http://www.ddc.com.tw
E-mail	market@ddc.com.tw
讀者服務專線	(02)2896-1600
初版一刷	2024年8月
初版八刷	2025年5月
建議售價	新臺幣200元
郵撥帳號	50013371
戶名	財團法人法鼓山文教基金會—法鼓文化
北美經銷處	紐約東初禪寺 Chan Meditation Center (New York, USA) Tel: (718)592-6593 E-mail: chancenter@gmail.com

法鼓文化

國家圖書館出版品預行編目資料

從放鬆到放下：禪的智慧與妙用 / 釋果暉著. --
初版. -- 臺北市 ： 法鼓文化, 2024.08
面； 公分
ISBN 978-626-7345-35-1 (平裝)

1. CST: 禪宗 2. CST: 佛教修持

226.65 113007532